非暴力沟通的父母话术训练手册

杨颖
-编著-

民主与建设出版社
·北京·

图书在版编目(CIP)数据

非暴力沟通的父母话术训练手册 / 杨颖编著. -- 北京 :
民主与建设出版社, 2022.7(2023.6 重印)
ISBN 978-7-5139-3889-1

Ⅰ. ①非… Ⅱ. ①杨… Ⅲ. ①家庭教育-教育心理学
-手册 Ⅳ. ①G780-62

中国版本图书馆 CIP 数据核字(2022)第 117688 号

非暴力沟通的父母话术训练手册
FEI BAOLI GOUTONG DE FUMU HUASHU XUNLIAN SHOUCE

编　　著	杨　颖
责任编辑	刘树民
封面设计	春浅浅
出版发行	民主与建设出版社有限责任公司
电　　话	(010)59417747　59419778
社　　址	北京市海淀区西三环中路 10 号望海楼 E 座 7 层
邮　　编	100142
印　　刷	唐山玺鸣印务有限公司
版　　次	2022 年 7 月第 1 版
印　　次	2023 年 6 月第 2 次印刷
开　　本	880mm×1230mm　1/32
印　　张	6
字　　数	120 千字
书　　号	ISBN 978-7-5139-3889-1
定　　价	36.00 元

注：如有印、装质量问题，请与出版社联系。

沟通是一座桥梁，连通着彼此的心。

父母与孩子间的良好沟通是最好的家庭氛围，

也是最有效的教育。

序言

非暴力沟通的父母话术

经常听到许多父母感叹："现在的孩子越来越不听话了，越来越难以沟通了……"感觉父母说什么，孩子都不愿意听，孩子也不爱跟父母说心里话，好像父母与孩子之间有一堵墙，总是有隔阂，无法顺畅地沟通。

究其原因，在于很多父母平时不注意与孩子说话的方式方法，在孩子不听话或叛逆时，往往采取"暴力"的方式与孩子沟通。一提到暴力，很多人的第一反应大概都是：殴打或者是破口大骂。我们能够很清晰地分辨出"身体暴力"，却很容易忽略一种更常见的暴力——"隐蔽的暴力"。"隐蔽的暴力"无处不在，包括讽刺、批判、指责、冷漠、挖苦的语气，鄙视的眼神……这些"暴力"不会在孩子身上留下任何痕迹，却杀伤力十足。

在这种"暴力"沟通的模式下，父母与孩子之间演变出了争执、矛盾、隔阂、压抑……

也许很多父母并不认为自己的沟通方式是“暴力”的，但是他们的语言确确实实引发了自己和孩子的痛苦。

本书根据真实的家庭教育情景案例，进行了深入的分析总结，有理论有方法，让父母学会控制自己的情绪，采用“非暴力沟通”这种充满爱的方式与孩子交流，做孩子的知心朋友，让孩子在爱的氛围中快乐成长。

沟通是一座桥梁，连通着彼此的心。父母与孩子间的良好沟通是世界上最好的家庭教育，也是最有效的教育。父母掌握了与孩子说话的技巧，就能开启孩子的心灵世界，与孩子达成美妙的交流沟通。

2022 年 1 月

目录 CONTENTS

PART 1 非暴力沟通话术：少些吼叫多些爱

PART 2

正面管教话术：这样说，孩子才会听

目录
CONTENTS

PART 3

亲子沟通话术：用心交流，平等对话

PART 4

奖惩话术：适度赞赏，巧妙批评

沟通，是父母与子女心灵交流的桥梁
关爱，是父母与子女共享温情的殿堂
包容，是父母与子女和谐共进的导航

PART 1

非暴力沟通话术：少些吼叫多些爱

为什么家会伤人

别让语言暴力伤害孩子

在家庭教育中，有些父母对孩子的语言伤害不仅频繁发生，而且不易觉察。父母根本意识不到自己的话已经伤害了孩子稚嫩的心灵。

这是因为，很多父母有这样一种心理：

孩子是我的，所以我有权力让他必须听我的，即使严厉地训斥他也没有关系。

情景再现

妈妈刚打扫完卫生，孩子却用玩具车撞翻了垃圾桶，地上一片狼藉。

✕ “你就不会小心点！笨死了！”

✓ “啊哈，你这样属于违章驾驶哦。赶快停车和妈妈一起收拾垃圾吧。”

同样情况下说出来的这两句话，在孩子听来，感觉却截然不同。

在这种心理的影响下，有些父母会在无形中对孩子进行语言伤害。这样的伤害，因为父母不自知，所以即使频繁发生，却很少引人关注。

有些父母在与孩子交流的过程中，总是以家长自居，并不把孩子的感受放在心上，总是口无遮拦，想说什么说什么。

其实，孩子并不是父母的私有物品，更不是父母的附属物品，而是一个独立的、有思想、有主见的人。父母那一句句看似无心说出口的话，就像一把把刀子一样，深深地扎在孩子身上，留下来的伤口可能一辈子都无法痊愈。

下面这些场景，你可能似曾相识：

真笨，这道题这么简单都不会做？

这是孩子因为作业不会而去请教父母，得到的父母的回复，虽然最终父母依然陪在孩子身边指导孩子解决问题，不过这些话语，像是一根刺一样扎进了孩子的心里。

不是前几天刚给你买了吗？怎么又坏了，真败家！

这是在商场里孩子让父母买一套文具，父母的回应，虽然父母在行为上是在帮孩子买东西，但是语言的伤害已经产生了。

可能这些语言伤害是父母无意间产生的，是父母无意识的表述，但是说者无意，听者有心。对于孩子，父母是最亲近的人，父母的每一句话、每一个动作都可能对孩子产生影响，会影响孩子的性格以及人生观的形成，父母的语言伤害对于孩子性格的养成来说，具有非常严重的负面影响。

语言暴力对孩子的影响

自卑、消极

父母无意间说的“笨”“真没用”等词语，经过多次强化，会让孩子怀疑自己的能力，导致孩子的自卑心理，也会严重打击孩子的积极性。

亲子关系破裂

父母每次无意的或者有意的语言伤害，会让孩子对家庭、父母产生隔阂，最终产生逃离父母、逃离家庭的想法。

自闭、社交障碍

经常遭受父母语言暴力的孩子，由于害怕被骂，不管做什么事情都显得很犹豫，必须得到大人的批准才敢继续。这种心态发展到后期，那就是自闭，或者演变成社交障碍。

暴力教育能让孩子变得顺从，不会让孩子变得聪明和懂事；能让他们变得听话，不会让他们变得自觉和上进。

——尹建莉

爱得越深，要求越高

过高期望带来的伤害

欢欢的妈妈对欢欢的期望很高，想让她成为像郎朗一样的钢琴家。欢欢每天放学回家，第一件事就是坐在钢琴前刻苦练习。但是很遗憾，欢欢并没有很好的天赋，进步并不明显。欢欢为此感到很难过，妈妈还因此经常责备她。

这天，欢欢练琴时完全不在状态，弹错了好几个音。欢欢还没弹完一首曲子，妈妈就发火了：“这么简单都弹不好，太笨了！简直无可救药！”

妈妈的话说完，欢欢的眼泪像断了线的珠子一样不停地流着，她很想告诉妈妈：“我真的已经很努力了，可是怎么还是学不会，我为什么这么笨呢？”可是她又担心妈妈会更生气，只好默不作声。这样的状况时常发生。

久而久之，欢欢变得内向、自卑，跟妈妈之间话也越来越少了。

在很多家庭中，每天都会上演这样的悲剧。其实，父母内心都是爱护孩子的，爱得越深，要求也就越高，但是他们并没有意识到对孩子恨铁不成钢的责骂也会成为语言暴力。

孩子的心灵十分脆弱敏感，他们无法用客观的眼光看待一些问题，抗挫折能力很差，对父母的语言暴力根本无力招架。父母无心的一句话，会给孩子的内心深处留下永远不可磨灭的阴影。

❌ 这次考试怎么又没考满分，太不中用了！

❌ 学了两个月水彩画了，你看看你画的是什么东西！

❌ 大大就知道玩儿，书法练了吗？

❌ 怎么一点儿进步都没有，太让我们失望了！

❌ 干脆别学了，你这是在浪费时间！

父母总希望孩子各个方面都是优秀的，这种想法本身其实没什么错。但是作为成年人，父母也要明白：尺有所短，寸有所长，世上没有十全十美的人，何况是一切尚在学习、成长中的孩子！

所以，父母可以对孩子有所期望，但要建立在现实的基础上，同样不要恨铁不成钢地揠苗助长。有些家长总是觉得孩子做得不够好，总是情不自禁地用更高的要求来否定孩子现阶段所有的努力，总是希望孩子可以更好。

于是，孩子就在父母这样不切实际的期盼中，丧失了自我认同感，长久以来的失败以及被指责，让孩子渐渐觉得自己真的什么都不行。

每个人都会有自己的梦想，也会有自己的遗憾，同样也有让自己追悔莫及、悔不当初的事情。而孩子，作为自己血脉的延续者，有太多的父母不自觉地想要孩子同样延续自己未完成的梦想。

这种想法，常常会让家长无视孩子的自身条件与个性，只将目光局限于自己曾经心心念念却没有成功的事情。比如自己小时候想弹琴未果，那么孩子就一定要上钢琴课，其实孩子更喜欢画画啊！比如自己小时候数学成绩不好，就想当然地认为孩子的数学也一定不会好，于是从最初就开始补习、补习、补习，完全无视孩子其实更需要时间阅读、玩耍……

其实，父母的遗憾和那些念而不得，却不见得是孩子想要的。

因此，父母所设立的期望与目标应考虑孩子的具体条件及其本身愿望，而不是过于热衷于自身的愿望与利益。如果对孩子设置过高的期望与要求，当孩子不能实现目标时，父母就毫不掩饰

给父母的建议

每个人都有其各自的特征，在对孩子的期望上，一些父母往往忘记了这一点，让孩子去做不适合他们的事情，结果费尽心机，却是一场空。例如，孩子有很强的语言天赋，语文、英语学得都很好，但是对于物理、化学这一类学科可能就不是特别感兴趣，此时父母就要及时调整期望值。父母要先了解孩子的优势在哪里、不足之处有哪些、自己希望孩子学的是不是孩子感兴趣的。

自己的失望，孩子会因不能达到父母的要求而对自己的能力感到怀疑，从根本上动摇对自己的信心。

解决这个冲突的方法是对孩子既要有高的期望，又要考虑孩子的实际情况。孩子的成长是一个漫长的过程，不可能一蹴而就。如果父母在孩子身上寄予过高的期望，同时不断地向他们指出不足之处，实际上是在使孩子失去勇气、降低自信；相反，如果父母对孩子的要求适度，并及时加以鼓励，会使孩子充满活力和自信，并且产生要多做一点的欲望。

父母对子女期望值过高所导致的结果，往往是适得其反。

——东方

多尊重，少挖苦

对孩子冷嘲热讽不可取

刚出生的孩子，吃饱穿暖，及时更换尿布就能心情愉悦。随着一天天长大，孩子逐渐有了其他的要求：希望被关怀，希望有尊严，希望得到重视和尊重；挖苦、嘲讽会让他们感觉被轻视、不被尊重，这是对孩子人格的羞辱，会让他们稚嫩的心理受到伤害。

情景再现

牛牛期中考试没有考好，当妈妈拿到成绩单时：

❌ “10道填空题居然写对了一半，你还没笨到家！”

✔ “这次没有发挥好没关系，咱们一起找原因，争取期末考出好成绩。”

当孩子遇到困难时，给孩子一句鼓励。也许你的一句话，对他们来说是至关重要的。

有些父母就像上面那位妈妈一样，孩子有困难时，不但不做孩子强大的后盾，还挖苦打击；孩子有了进步也不表扬，反而冷嘲热讽。似乎在他们眼中，只有通过此举才能激发孩子的斗志，让孩子胜不骄、败不馁。

这种做法的后果往往让他们感觉事与愿违。孩子长时间受到父母的挖苦会变得很自卑，甚至再也没有上进的意愿；孩子有了进步，父母的挖苦则像一盆冷水，把孩子心中积极上进的火焰一下浇灭。

这种冷嘲热讽的打击式教育只会让孩子越来越消极。他们没有接收到父母传递过来的爱，反而更多地感受到了嘲笑与不认同。

下面这些话，做父母的你有没有对孩子说过？

❌ 借来的书都弄丢了，你可真有责任心！

❌ 吃个饭都要这么久，你不会在菜里面找金子吧！

❌ 学了三年的钢琴，一首曲子都弹不利索，你肯定是太用心了！

孩子听了你的这些话，有什么样的反应？

一个年轻人二十年后还对自己被妈妈嘲讽的经历耿耿于怀："一次公交车上我在照镜子看脸上的痘痘，妈妈突然大声说'照镜子能让痘痘消失吗？鉴于你这样忙，肯定没办法帮我拿钱买票了'，妈妈说完，全车的人都把目光射向我，我的脸一下子红了，恨不得找条地缝钻进去。"从此以后，她再也不愿意跟妈妈一起出门了。

可见，用挖苦嘲讽来刺激孩子，确实效果显著，但却是反效果，不但会使亲子关系变得疏离，还会对孩子的成长造成不良影响。

对孩子来讲，说话刻薄的父母给他们造成的伤害比打骂更大。因为他们的心理还不成熟，没有锻炼出极大的心理承受能力，冷嘲热讽的伤害不容小觑。

挖苦嘲讽对孩子的影响

伤害孩子的自尊

语言的嘲讽要比皮肉之痛更严重，嘲讽会伤害孩子的自尊，孩子的自信、社交也会受到影响。

孩子容易破罐子破摔

父母总是用嘲讽的方式对待孩子，有的孩子会出现破罐子破摔的行为。你说我不行，那我就不行给你看。久而久之孩子真的就会朝父母说的那个方向去发展。

孩子容易封闭心门

父母总是用嘲讽的方式对待孩子，就很难走进孩子的内心，孩子不会主动与家长分享自己的想法，因为孩子知道就算自己说了，得来的也是一顿嘲讽，还不如不说。

父母不要企图用挖苦嘲讽来驯服孩子，如果孩子做错了，直接描述孩子的错处，告诉孩子你的感受。

希望孩子快点吃饭，你可以告诉孩子：

✔ 现在已经八点了，如果你不能在十分钟内吃完饭出门，就会迟到。

孩子不小心弄丢了书，不妨对孩子说：

回忆一下书是怎么丢的，下次咱们如何防止丢东西？

赏识孩子点滴的进步，尊重孩子的付出，维护孩子的自尊，这样的做法远比挖苦嘲讽效果好得多。

有时候，父母也许会因为工作生活压力大，不经意地将一些负面情绪用挖苦的语言发泄到孩子身上；或是太过于望子成龙、望女成凤，对孩子处处挑剔，孩子稍有闪失便冷嘲热讽。

有时候，父母也许只是顺口说说，并非有意，可是，对孩子而言，那些带有侮辱、讽刺、挖苦性质的言语极大地伤害了他们的自尊心、自信心。久而久之，他们的人格可能会按照我们暗示的言行发展，自卑、软弱、胆小、自暴自弃就会伴随而来，同时也会导致亲子之间的争吵、冷漠和敌对。

孩子的心像水泥，早期的评价会固化一辈子。成年后，即使花数倍的精力，也不见得会修正过来。对于年幼的孩子来说，父母的挖苦嘲讽，会像种子一样深埋在他们的心里很久很久，甚至终生无法摆脱。

那么，父母如何避免用侮辱性的语言教育孩子，让孩子自信地成长呢？

用信任的语气和孩子讲话

孩子都特别希望得到父母、老师的肯定和信任，这会给他们带来莫大的自信和动力。所以，在与孩子讲话时，父母要表现出充分的信任。

优优学习弹钢琴，一首曲子来来回回练习了好几遍，依然磕磕绊绊。孩子就像泄了气的皮球，闷闷不乐，妈妈便用信任的语气说：

“优优，老师说了，只要努力练习，认真练习，一定会弹得很好，妈妈相信你，你也会相信自己，对吗？”

这无形中就给了孩子信心，让她相信，只有坚持，只有努力，才会获得成功。

反之，如果父母没有耐心，用挖苦的语气批评孩子，就会打击孩子的自信，导致他们对自己的能力产生怀疑，产生抵制的情绪。

宽容孩子的失败

有的父母，总是希望在孩子犯错前就提醒他，帮助孩子避免犯错，什么事情都要求尽善尽美，不允许有一点纰漏。孩子不小心做错了事，不是批评责备，就是挖苦讽刺。

当孩子犯错时，不管你多么生气，多么恼怒，都要努力克制自己的情绪，让自己冷静下来，理智地去面对。不要给孩子乱贴标签，比如“笨蛋”“猪脑子”等，这样会给他们带来羞愧感。而且如果孩子已经意识到错误并感到愧疚，你的责骂只会雪上加霜。

正确的做法是等到父母和孩子都心平气和的时候，再用尊重、鼓励的语气与孩子沟通他的错误，一起分析、反思失败的原

给父母的建议

每一个孩子都有优点，关键在于父母有没有一双捕捉孩子优点的眼睛。如果你关注的只是孩子的缺点，那么你传递给孩子的情绪就是消极的；如果你着眼于孩子的优点，那你传递给孩子的情绪就是积极的，有了快乐的情绪体验，孩子对所做的事情就会更有兴趣。

因，并进行改正。请记住，给孩子提供切实的帮助比无谓的责骂有效得多。

不要吝惜表扬

清朝的颜元说：“数子十过，不如奖子一长。教过不改，也徒伤情；奖长易劝，也且全恩。”所以，与其数落孩子的种种过失，不如适当地表扬和奖励孩子。

当孩子把墙当成画板，用画笔“勾勒”出一幅波澜壮阔的画作时，请不要大声呵斥，不要把孩子视为“无敌破坏王”，请学会欣赏他丰富的想象力和探索精神，表扬他作画的热情和认真的态度。

小孩宁愿被仙人掌刺伤，也不愿听见大人对他的冷嘲热讽，至少伤痕是看得见的，而挖苦带来的伤口是无形的。

——几米

不威胁，不恐吓

给孩子充分的安全感

在孩子的成长过程中，难免会有不听话的时候。面对这种情况，很多父母常用恐吓或者威胁的方式对待孩子，他们想当然地以为只有这样，孩子才能真正妥协。

可实际上，威胁和恐吓是最无能的方式。

情景再现

已经晚上九点半了，天天还不肯睡觉，妈妈说：

✗ “再不去睡觉，我就不要你了。”

✓ “天天，明天要去游乐园，现在不睡觉，明天会起不来哦。”

当孩子不配合时，威胁与恐吓无法起到真正的作用，不如告诉孩子不配合的后果，让他自己衡量。

有些父母习惯说一些威胁的话来吓唬孩子，认为这样才能镇住孩子。比如：孩子要买玩具，在店里赖着不肯走的时候，可能会说“再这样耍赖，我们不要你了”之类的话。如果父母经常对孩子说这些含有威胁性的话，孩子就会丧失对事物的判断能力，进而懦弱地服从命令。在这种环境下长大的孩子将会畏首畏尾，对未来的生活和学习充满恐惧。

孩子对大人的情绪的理解有限，无法区分父母的表面行为与内在动机，他们会把父母的离开当成是真的离开，长远来看会破坏孩子的安全感，还会让孩子学会撒谎等恶习。

❌ 再不听话，就让警察把你抓走！

❌ 再不吃饭，就不要你了！

❌ 你不刷牙，就不准睡觉！

❌ 再哭，我就把你扔到大街上！

……

这种威胁、恐吓式的说教，是很多父母常用的伎俩，当遇到孩子哭闹不听话，他们束手无策之际，就想着搬出一个让孩子害怕的情景来震慑孩子，比如说，不听话就叫警察、叫医生。在孩子的印象中，这些人物都是可怕的，虽然孩子立即就听话了，但是在他们的内心其实是恐惧不安的，还会加深孩子对警察和医生的负面印象，将来孩子遇到麻烦还会拒绝他们的帮助。

这些话一次又一次地传进孩子的耳中，进入孩子的内心，父母不再是孩子温暖的港湾，而是恐惧的所在。

父母这么喜欢威胁和恐吓孩子，是因为能够即时看到效果，但是这样做让孩子感到不被关爱，破坏了父母在孩子心中的形象。

当父母第一次威胁孩子时，大部分孩子会因为恐惧而不敢再犯错，这样，孩子就变得畏首畏尾；而有的孩子还是不改，继续犯错，看父母并没有兑现对他的惩罚，渐渐地也就对父母的话无动于衷，甚至是针锋相对，反过来威胁父母。所以，要摒弃这种威胁孩子的教子方法，在任何时候都不能对孩子进行威胁。

用积极的心态对待孩子

孩子就是在犯错误和纠正错误的过程中不断成长的。当孩子犯错时，父母不妨用积极、包容的心态来面对孩子，这样，往往能达到更好的效果。

给父母的建议

相对于威胁的话语，孩子更喜欢听善意的、带有激励的话语。因为没有一个孩子愿意被父母威胁。父母要学会用善意、激励的语言代替威胁，这样往往更能贴近孩子的心理，孩子就更乐意接受。

比如，孩子不洗脚，父母不能说：

❌ 如果你不洗脚，今天就别睡了！

而是说：

✅ 孩子，去洗洗脚吧，我想看看你长大没有，是不是能独立洗脚了。

这样，孩子往往更能接受，进而按父母的意愿做事。

用激励代替威胁

小霞跟爸爸妈妈去逛街。小霞要买一个布娃娃，妈妈不同意，小霞委屈地大哭起来。

妈妈威胁她：

❌ 再哭，再哭我就不要你了。

小霞非但不听，反而哭得更厉害了。

这时，爸爸说：

✔ 我的同事跟我说，他家的孩子很懂事，从来不在街上哭的。我想，你一定比他更坚强吧？

结果，小霞立刻不哭了。

每种性格缺陷都是由儿童早期经受的某种错误对待造成的。打骂的方式绝不可能让孩子健康成长，只能让他的心理扭曲。一个心理残疾的人，远比一个生理残疾的人更糟糕，而且多一层可怕。

——蒙台梭利

不暴躁，不冲动

父母别把坏情绪带回家

一位父亲在公司受到了老板的批评，回到家就把正在沙发上跳来跳去的孩子臭骂了一顿。

孩子心里窝火，狠狠去踹身边打滚儿的猫。猫逃到街上，正好一辆卡车开过来，司机赶紧避让，却把路边的孩子撞伤了。

这就是心理学上著名的“踢猫效应”，描述的是一种典型的坏情绪传染所导致的恶性循环。

情景再现

爸爸在公司遇到一些麻烦，非常沮丧地回家后，孩子说：

“爸爸，这道题我不会，教教我吧。”

爸爸一脸怒气地说：

“这也不会，那也不会，你在学校都干什么了！”

孩子委屈地大哭起来。妈妈听到孩子的哭声，不高兴地说：

“又在工作上遇到不开心的事了吧？你总是这样，把坏脾气带回家！”

现实生活中，我们常常不自觉地把自己在外面受到的劳累、辛苦、怨气等带回家，把坏脾气带给家人。

情绪的传染就像是核弹，好的情绪会产生巨大的正能量场，而消极的情绪则会形成负能量场。

尤其是孩子，敏感又很单纯，他们受到自己身边最亲近的人的情绪传染最多，如果父母情绪糟糕，那么这种糟糕的情绪也会直接影响孩子的身心发展。

换一种方式进家门

有一位爸爸，每天回家都开开心心的，对孩子也关爱有加。

孩子问爸爸：“爸爸，你永远都不会有烦恼吗？”

这位爸爸回答说：“有呀，但我每天进家门前，我都会把工作的烦心事挂在烦恼树上，到家后就是开心的，因为开心永远要留给家人。”

这位爸爸懂得换一种方式进家门，消极情绪的传递链在进门的时候就被截断了，留在家里的，就是一片平和与温馨。

很多父母劳累了一天回家，看到孩子满地乱放的玩具、弄脏的衣物，情绪的火山很容易就会被触发。

每个人都难免会有不顺心的时候，但是再怎么样，也不应该把家庭当作自己负面情绪的宣泄口。

别让孩子成为负面情绪的受害者

在一个家庭中，孩子是最弱小的、没有反抗能力的个体，因此也是最容易受到影响的那一个。很多父母做不好情绪管理，常常不自觉地将工作、生活中的负面情绪带回家，尤其是在孩子面前也不加遮掩，有时候明明不是孩子自身的问题，也把火撒在孩子身上。

对孩子来说，长期忍受父母的坏情绪，精神总是高度紧张，内心充满了不安全感，会影响孩子的心理健康。

另一方面，孩子也会模仿父母的情绪处理方式，逐渐形成暴躁易怒、随意朝别人发脾气的秉性。

0 ~ 6 岁，正是孩子学习情绪表达的关键时期，父母积极健康的情绪，会引导孩子更加乐观自信。

有句话是这样说的：情商最高的行为，就是对最熟悉、最亲近的人，依然能保持尊重和耐心。妥善管理自己的情绪，不让脾气的炮火轰炸到最亲爱的人，也是人生的一种修为。

曾经看到一篇文章叫作《把笑容带回家》，文中那位父亲不管外面有再大的事，回到家总是以笑脸面对家人。

父亲下岗了，找工作总是碰壁，但每天回家他都笑着说“差不多了”。

父亲工作时受了伤，回家依然笑嘻嘻的，说“没事，没事”。

在作者成长的过程中，父亲的坚强乐观帮助他战胜了很多挫折：“每当学习遇到困难或者夜里困了，我总想起父亲那张笑嘻嘻的脸。”

生活中让人心烦的时候总是很多，但比起和家里人互相宣泄自己的情绪、互相抱怨，有时候，乐观的力量反而能给彼此战胜困难的勇气和信心，更好地解决问题。

给自己一个积极的暗示

9 岁的常青学习成绩名列前茅，性格活泼开朗，并且经常帮助学习差的同学。当老师问他为什么这么乐观时，他说：“这主

给父母的建议

其实，控制自己的负面情绪并不难，只要父母肯用心，就一定能找到很多有效的办法。例如，在回家前，要暗示自己以平静的心情回到家，让家人感受到爱与温馨；可以在钱包里或是办公桌上放上家人的照片，下班时看看这张照片，这样，即使再有什么不开心的事情，也都会烟消云散了。

要是得益于爸爸榜样的作用。我经常听同桌说，他的爸爸回到家就发脾气。而我的爸爸却不这样，不管他在工作上多么不顺心，他都会很乐观地面对妈妈和我，从来不对我们发脾气。”

对此，常青的爸爸说出了自己的心得：“我很重视家庭的和谐气氛。其实，我有时候也会在工作中遇到一些不开心的事情，但是我总是给自己一些积极的暗示。比如，进家门前，我会对自己说，工作是工作，家是家，既然回到家，我就不能把工作上的糟糕情绪带回家。此外，在我的汽车上挂着一张我们全家的照片，每天开车回家，我都会看一看这张照片。我就是通过这些方式，提醒自己别把坏脾气带回家。”

同时，父母在外工作了一天，即使是没有发生什么不开心的事，也会感到疲劳、烦躁。所以，父母需要掌握一些缓解疲

劳和烦躁的技巧，以尽量避免自己的坏脾气对孩子造成伤害。例如，可以通过信笔涂鸦的方式来缓解自己的不良情绪，或者做一个简单的拉伸，转移自己的注意力，以排除自身的烦躁情绪。

不是穿了西服就变成绅士，不是生了孩子就会做父母。做父母需要学习，需要学会如何爱。学会爱是个很大的命题，需要慢慢去学，最简单的第一步就是不再打骂孩子，不做穿西装的野人。

——尹建莉

不贬斥，不否定

没有教不好的孩子，只有不会教的父母

据某教育专业机构的调查资料显示，经常遭贬斥的孩子智力和心理发展比经常受体罚的孩子更为低下。为什么会这样呢？因为社会心理学上有个术语叫作“标签效应”，意思就是说，对人的看法就像给人贴一个标签一样，迫使此人以后做出与标签相符的行为。

情景再现

一位母亲带女儿去游泳，女儿不敢下水，她就当众斥责孩子说：

✗ “你就是一个胆小鬼，有什么好怕的！”

✓ “你看，妈妈和教练都在这里，不用怕，你最勇敢了。”

父母的鼓励比贬斥更能让孩子接受，一味地否定孩子，只会让孩子朝自己不希望的方向发展。

给孩子乱贴负面标签，会直接伤害孩子的自尊心与自信心。这种做法比让他们面对失败更为痛苦。有些父母一听到孩子的学习成绩不好，便不分青红皂白地责骂孩子，给孩子贴上负面标签，说他们是笨蛋，没出息。事实上，孩子一时的成绩，与他将来的成就或者他是否会成为优秀人才，并没有直接关系。

教育家周弘先生说：“没有种不好的庄稼，只有不会种庄稼的农民。”农民如何对待庄稼，常常决定着庄稼的生死存亡；而父母如何对待孩子，也在一定程度上决定着孩子的未来。当父母将“笨孩子”“胆小鬼”“问题少年”等负面标签贴到孩子身上时，

“聪明孩子”“勇敢孩子”“阳光少年”就真的离孩子远去了。

❌ 我家这孩子啊，就是一个胆小鬼，什么都害怕。

❌ 我家孩子干啥事都慢，拖拖拉拉，真是没办法。

❌ 我女儿就是个“磨人精”，每晚要哄好久才睡。

日常生活中，我们经常能听到很多父母给孩子贴标签的语言。这些脱口而出的话语，很多欠缺思考，更没有顾及这些贴标签的行为会给孩子带来深远的负面影响。

孩子会按照父母贴的标签去寻找归属。偶尔为之的玩笑话不算标签，毕竟谁说话也做不到滴水不漏。但是如果父母不注意自己的言行，不断将对孩子的评价重复强化，就会形成固有标签，甚至会潜移默化地影响孩子一辈子。

无论基于哪种原因，父母都不要轻易地给孩子贴上负面标签。对于孩子来说，这些负面标签可能会成为束缚他一生成长的界限与牢笼。当他面临重大挑战时，这些负面标签便会一次又一次地出现在他的脑海里，使他不能以充分的自信迎接挑战，而最终与机会擦肩而过。

负面标签对孩子的影响

认同负面标签

孩子会从潜意识上去认同家长，内心也会不断地重复强化这个概念，所以孩子会朝着负面标签的方向不断发展。

影响孩子性格

当孩子被父母不断地用各种标签去定义时，孩子可能会出现逆反心理，要么向父母罗列出来的标签方向发展，要么性格会变得扭曲。

失去自信心

很多时候，孩子只是因为一个错误的行为，就被父母贴上了莫须有的负面标签，自信满满的孩子可能就变得自卑、懦弱。

养育孩子确实很不容易，父母难免会因为生活和工作的压力对孩子失去耐心，但是如果没控制好自己的情绪和语言，一时将心中的怒气释放了出去，孩子就会因为父母的负面评价而对自己产生怀疑，那就得不偿失了。

父母是孩子的第一任老师，父母的言行、评价是对孩子最重要的指引，所以，认真对待对孩子说出的每一句话，孩子会在正面、积极的引导下成为一个最好的他。

多为孩子喝彩

有些“恨铁不成钢”的父母，常常给孩子贴上负面标签，可是，父母并不是真的希望孩子这样。因此，当父母想说“傻瓜”的时候，换成“其实你很优秀”，孩子就会真的越来越优秀。

小驰上小学五年级后，他的成绩开始成为老师和家人最头疼的问题。

小驰以前的成绩还不错。有一次，由于他没有认真审题，结果作文没及格。回到家后，妈妈对他大加指责：“你怎么这么笨啊，居然还能审错题？你真是让我头疼死了，真是个笨蛋。”从那以后，“笨孩子”“笨蛋”等名词就成了小驰的代名词。

既然妈妈这么认定自己，小驰也就索性真的去当“笨孩子”了，他不再好好学习，成绩也一落千丈。

后来，妈妈每次都有意识地控制自己，当她想骂小驰傻瓜时，就换成“孩子，加油”。她发现这样做，不仅让自己心情愉快，而且也让小驰重拾了自信。虽然他的成绩还不十分突出，但是已经有了很大的进步。

当孩子考试不理想或者做事情失败的时候，父母应该多给孩子一些喝彩与鼓励。已经习惯给孩子贴负面标签的父母，则应该有意识地提醒自己，将那些难听的词汇换成鼓励的话语，给孩子积极的影响，鼓起孩子起航的风帆。

给孩子积极的心理暗示

如果父母给孩子积极的心理暗示与期待，那么孩子便会成为

给父母的建议

父母要学会调整引导孩子的方向，学会去欣赏自己的孩子，多给孩子正面的评价，维护孩子的尊严，随着孩子年龄的不断增长，孩子的行为也会多种多样化。父母一定要学会用积极的心态去看待孩子，这样才能够给孩子一个美好的未来。

优秀的孩子。而如果父母乱给孩子贴负面标签，事情则会与父母的愿望背道而驰。

俊楠今年 11 岁，曾经是个令人头疼的孩子，学习成绩不好，喜欢惹是生非。但是自从妈妈改变自己的教育方式后，这一现象得到了很大的改观。

有一次，俊楠的作文成绩又不及格，妈妈没有像往常一样骂他笨，而是笑眯眯地对他说：

✔ 没关系，妈妈觉得你下次一定会比这次好。

下次，俊楠的作文成绩果然有了提高，妈妈还是说：妈妈相信你下次会更好。慢慢地，俊楠的作文成绩提了上来。

当孩子学习成绩不理想时，父母可以积极地暗示他：

✔ 下次一定会比这次好！

当孩子不听话，四处惹是生非时，父母可以暗示他：

✔ **真正强大的孩子是在智力上打败别人的人。**

这样，孩子的道路就会越走越宽广。

差生是差老师和差家长联手缔造的。不要给孩子们乱贴负面标签，这种行为只会使好孩子变成真正的差孩子。

——郑渊洁

父母话术训练

当孩子某件事情没有做好时，父母要说：

你的努力我们都看到了，相信下次一定能做好。

话术重点　鼓励孩子的努力，表达对孩子的信任。

当孩子做了被禁止的危险行为时，父母要说：

我们鼓励你大胆尝试，但做之前一定要告诉爸爸妈妈。

话术重点　不用责骂打消孩子的好奇心，但告诉孩子应该在父母的监护下进行尝试。

当孩子不愿意接受父母的要求时，父母要说：

我知道你还想多玩一会儿，但我担心你明天上学会迟到。

话术重点　表达理解孩子的行为，但也说出自己的担心。

PART 2

正面管教话术：这样说，孩子才会听

精准表达，让孩子听明白

不是孩子不听话，而是你不会表达

有些父母总是抱怨孩子不听话，可是很多时候，孩子只是不能理解父母的真实用意，也不知道到底怎样做才符合父母的要求。作为父母，当发现孩子总是不听话的时候，不要急于从孩子身上寻找原因，而应该主动反思自己：我与孩子说话的方式是否恰当？我是否能把话说明白了？我说话的内容孩子能否理解？我说话的时机是否适宜？

情景再现

三岁的强强特别好动，经常在椅子上蹦来蹦去，妈妈说：

❌ “别闹了！不要做这种危险动作。”

✔ “强强，下来，屁股要放在椅子上。”

父母在向孩子提要求的时候，要准确，用孩子听得懂的语言来表达。

“爱之深，责之切”虽是天下父母心，但若只是厉声斥责，教育效果反而不佳，父母也难免事后懊悔：“怎么又有点情绪失控了。”其实，管教变成怒吼，原因往往出在父母自己身上，是他们真正的想法没有通过言语沟通让孩子正确接收。

例如，父母一身疲惫地回到家，看到满地玩具难免一肚子火，很容易脱口而出：

“为什么又乱七八糟的，给我收拾干净！”

其实父母心里想说的可能是：

“今天已经很累了，真希望回到家里看到干干净净的客厅。”

若换成这个说法，就容易动之以情，促使孩子赶快动手收拾整理。

那么，在日常生活中，父母怎样说话会导致孩子听不懂呢？

反语句式

父母让孩子帮忙收拾碗筷，孩子想快速完成任务，就会一次性地将碗和盘子叠在一起端起来快速走。这个时候，很多父母的第一反应是说：“别跑那么快，等会把碗弄碎了！”结果往往真会导致孩子摔了碗盘。

孩子在做事情的时候，很多父母总是会提醒说：“别……”

但是，你越不想发生的事情，发生的可能性就会越大。有一个白熊实验能够说明这种现象背后的心理原因。

1987 年，心理学家做了一个简单却令人震惊的实验。心理学家把志愿者分为三个组，然后给他们播放关于白熊的影片，影片长约 50 分钟。看完影片后，心理学家分别对三组志愿者说：

“你们要记得那头白熊哦。”

“你们可能会喜欢上那头白熊。”

“你们千万别去想那头白熊。”

一年之后，哪组志愿者对心理学家说的话印象最深呢？结果竟然是被告知“千万别去想那头白熊”的一组。由此可见，你本想忘记某事，却向大脑发出了“记住它 ”的命令——抑制思考反而激活了思考。

这就是心理学上著名的“白熊试验”，你本意是不想让孩子跑那么快，但是你下达给孩子的指令却让孩子不能控制自己。所以，父母在给孩子下达指令的时候一定要避免这一点。

简短的省略句

“你去那边帮妈妈拿一下那个……”

那边是哪边？柜子里还是桌子上？很多时候父母抱怨孩子连一点小事都做不好，事实上孩子心里也很委屈，明明是你没有说清楚，却怪孩子做得不好。

很多时候不是孩子没有做好，而是因为我们没有传达明确的指令。

过于复杂的内容

在综艺节目《爸爸去哪儿》中，有这样一个场景，刘烨对诺一说："大人讲话时不能插嘴，这样不礼貌。"这句话的意思是不要打断大人说话，但是作为孩子的诺一却理解为不能讲话，立马就用手捂上了自己的嘴。

在现实生活中，父母若是在教育孩子的时候没有效果，就应该反思一下自己是否运用了过于复杂的句式，传达了过密的信息量，这样是不利于亲子沟通的。

举个简单的例子，妈妈要带孩子出门，孩子还在地板上玩儿积木，妈妈说：

“宝宝，把积木拿过来，帮妈妈把门关好，积木放进盒子里后，我们穿上鞋子出门去。”

大家不妨回顾一下生活中遇到类似的场景，是不是父母大部分时候脱口而出的基本上都是“多步复杂指令”，即使孩子才刚刚三岁？

当父母一次又一次地给孩子发出超出当前年龄认知范围的复杂指令后，孩子自然就听不进也听不懂。如果父母愿意等待孩子慢慢发展，待孩子理解能力慢慢增强后，他就慢慢“听进去”了。

可是现实中，太多的父母因为复杂指令得不到回应而有了很大的挫败感，这些挫败感和希望“孩子好”的控制欲，常常帮了倒忙。

于是，有的父母开始变唠叨了，而唠叨就像一把钝刀，一点一点地把亲子沟通渠道破坏掉，孩子慢慢就真的选择性不听了。

有的父母开始觉得让孩子配合需要费那么大的劲，不如自己替孩子做了吧，于是孩子开始默认这些原本该自己做的事情是父母的，之后就越来越不肯做了。

所以，很多时候并不是孩子不听话，而是父母的话没说到位。

如何避免这种情况发生？答案是，从孩子小时候起，父母就采取正确的方式与孩子交流，说孩子听得懂的话，尤其是想让孩子参与合作或停止做某项错事时。

正面的语言，清晰简洁的指令

父母在与孩子说话时，尽量不要带“不”字。比如，“把鞋子放到鞋架上”比“不要乱扔鞋子”更清晰易做，更有推动力。

父母的话一定要清晰简洁。比如，父母对孩子说：“不要太过火了。”孩子往往不知道怎么做。而这时父母说：“安安静静吃饭。”便清晰易做多了。

一次一件事，字数不要超过 15 个字。指令只发出一次是最有效果的。也确保孩子集中注意力聆听。

父母的话要尽量具体明确

对于有孩子上幼儿园或小学的家庭，早上的时间可谓分秒必争。

为了按时出门，父母给孩子指令几乎是不可避免的。比如这句，绝对是很多父母的口头禅：

“快点，快点准备好，要迟到了，快点！”

结果，妈妈心急如焚、焦头烂额，孩子可能还在优哉游哉地玩玩具。

对于幼儿来说，他们还处于具体思维阶段，“准备好”对他们来说太抽象，“快点”则太笼统，这两个词要改用更加具体的指令代替，并且一次不要说太多。

比如可以这么说："现在洗漱，之后吃早餐！"

洗漱完之后再说："现在吃早餐，然后换鞋。"

早餐后再说："现在背书包，换鞋子，准备出门。"

过于笼统、复杂的指令，孩子听不懂，更别说配合。指令内容尽量具体，并且一次不要太多，孩子才有可能配合。

让身体说话，用行为示范

想让孩子听懂父母的话，除用嘴巴说之外，还要用身体说、用行为说。

如果爸爸妈妈平时爱看手机，却教育孩子不要玩手机，那么就算语言再简洁、再具体，孩子也无法心甘情愿地配合。

给父母的建议

我们都说父母是孩子的第一任老师，父母责任重大。

想让孩子看书，我们就要经常在孩子面前捧起书本；想让孩子学会收拾自己的玩具，父母也要经常整理家务，并让孩子参与。

父母发挥自己的榜样作用，孩子耳濡目染间就出现了你期待的行为。少了说教，多了微笑；少了冲突，多了和谐。

家庭教育是靠家庭语言来完成的。家庭语言是一种最有影响力和渗透力的家庭教育方法。父母的语言，是孩子成长的营养，爱的语言多了，一定结出“爱”的果子；恶的语言多了，会结出恶的果子。

——卢勤

科学定规矩，孩子才会听

别让孩子把你的话当耳旁风

对许多父母来说，如何有效地给孩子定规矩是最艰难和最令人沮丧的任务之一，这似乎是父母和孩子之间无休止的战争。

无休止地告诉孩子：不准打人，不要拿别人东西，不要吃别人的东西，不要踩水，不要丢食物……家长无休止地讲，甚至动手，可孩子就是不听。

情景再现

军军一到下雨天就兴奋，非常喜欢踩水，妈妈说：

✕  “不要踩水！说了很多次了，你怎么就是不听！”

✓  “军军，皮鞋被水泡坏了，你就没有漂亮鞋子穿了哦。”

告诉孩子某种行为会导致的后果，比一味埋怨和斥责更有效。

现实生活中有很多类似这样的场景：出门之前，明明和孩子说好了不买零食、玩具，可一进超市，孩子就攥着糖果、玩具不放手；明明和孩子讲好了只玩 10 分钟，可是时间到了之后，孩子却闹着要再玩一会儿；明明和孩子定好了写作业的时间，可是孩子总要拖到很晚……面对这些情况，很多父母往往心头一软：“孩子还小，就迁就他一次吧！”就这样，父母定好的规矩就被孩子当成了耳旁风。

俗语有言：没有规矩，不成方圆。建立良好的规矩意识，是孩子走向社会化至关重要的一步。那么，父母怎样跟孩子定规矩，孩子才会自觉遵守呢？

对孩子的要求应符合他的能力

父母不能以大人的行为能力来要求孩子，而要从孩子的行为能力出发。让孩子感受到尊重，孩子才会乐意去遵守，甚至挑战自己的行为能力。

比如，父母不能要求一个刚上幼儿园的孩子在看书时保持30分钟的注意力，可以调整为看10分钟，休息3分钟后再接着看。

让孩子守规矩要循序渐进

让孩子学会遵守规矩是一件长时间的事，要让它自然形成常规，不可操之过急。同时，规矩并不是越多越好，有时，规矩多只会带给孩子压力，甚至遭到孩子的反抗。如果循序渐进，从执行几条简单但关键的规矩开始，那么孩子就比较容易掌握并遵守，效果也更好。

使孩子守规矩不是一件容易的事，要经常积极提醒，持之以恒，使之成为自然遵守的好习惯。

定好规矩后要坚持到底

父母给孩子定下了规矩，就要坚持到底，必须让孩子做到，绝不能三天打鱼，两天晒网。

让孩子养成良好习惯的主动权掌握在父母手中。如果父母规定孩子每天睡觉前一定要把自己的玩具整理好，那么在实际生活中就必须这样要求他，等孩子养成这个习惯后，他就不会再故意耍赖或找借口不遵守了。

多说“是”，少说“不”

所谓说“是”，即顺着孩子去管理孩子。当父母以否定的方式，给孩子设立很多的条条框框时，强制的规矩并未内化到孩子心里，孩子之所以听从，其实是种屈服。一旦父母不在，孩子立刻会扔掉那些套在自己身上的规矩。

孩子的所有需求，父母不应直接否定和阻止，而是给孩子做排序。要明确让孩子知道，很多事情，不是父母不让他做，只是现在还不是时候，这样既避免了跟孩子起正面冲突，还顺便教会孩子学习等待。在等待的过程中，孩子就会慢慢树立起遵守规矩的意识。

规矩并不仅仅是立给孩子的，父母也要严格遵守，以身作则。比如，要让孩子规律进食，父母自己就要在饭桌上举止规范，不挑食，不浪费。要让孩子懂礼貌，父母自己就要对所有的人使用文明用语。

当父母教育孩子遵守规则时，如果他们让孩子看到规则本身的公平性，而不是因为父母的权威性，那么他们就为孩子未来成为遵纪守法的人奠定了基础——在未来的日子里，父母并不总是能保持那样的力量与权威性。

——贝里·布雷泽尔顿

多讨论，少训话

和孩子一起寻找解决问题的方法

孩子就是孩子，无论他多么成熟，也达不到成年人的境界，我们不能完全用成年人的观点来推断和要求孩子。与其说训导孩子有一个好习惯或者是改掉某些毛病，不如与孩子一起讨论，在讨论中让孩子懂得应该怎样做，而不是单纯地被要求必须怎样做。

情景再现

小迪上小学后，经常忘带数学用具，妈妈说：

❌ 

“老师给我打电话，说你又没带数学用具，提醒你多少次了？怎么老是记不住！”

✔ 

“是不是有什么困难？是记不住第二天要带什么用具，还是时间太紧来不及收拾？”

无论孩子犯错的具体原因是什么，孩子是否有主要责任，父母采用讨论而非指责的方式，都是赢得孩子合作的态度。

对孩子训话，意味着父母要求孩子绝对服从；与孩子讨论，意味着大家一起寻找方法解决问题，重新衡量自己的观点，搞清楚究竟谁的更符合实际。

父母在生活中给孩子立下了各种各样的规矩，然而孩子才是执行的主体，如果父母单方面立下的规矩，孩子不理解或不认同，没有参与感，他们自然还是我行我素，那么，所谓的规矩也就成了空谈。

让孩子参与立规矩

为什么很多父母在日常生活中给孩子一直在立各种各样的规矩，但是效果不佳呢？不是孩子听不懂父母所说的话，也不是孩子不理解父母所立的规矩，而是孩子不想听，不想照着做，因为随着年龄的增长，以及能力的不断发展，孩子的自我意识也越来越强烈。

虽然父母给孩子立规矩的出发点都是为了孩子好，但是如果在立下一个规矩前，丝毫不顾及孩子的想法，只是一味地使用强制性的手段，让孩子别无选择地去听父母的话，结果是大多数孩子都无法做到乖乖遵守父母单方面立下的规矩。

即便是年龄很小的孩子，父母也可以尝试使用孩子能听懂的语言，将规矩解释给他们听，允许他们提出不同意见。

曾经看到一个故事，讲的是一位女教师的女儿画了一幅画，名字叫《陪妈妈逛街》，画上没有车水马龙、高楼大厦，更没有琳琅满目的商品，只有数不清的大人的腿。

女教师觉得很奇怪，拿着画想了很久，终于解开了疑惑。原来只有几岁的孩子，身高只到大人的腰部，走在大街上，川流不息的人群将孩子视线遮挡，除了看到大人们的腿，孩子还能看到什么呢？妈妈逛街时如果能够蹲下来，就能看到孩子的世界了。

父母在家庭教育的过程中，在给孩子立规矩时，不妨经常蹲下来，或是低下头，在那时把自己当成孩子，用孩子的眼睛观察，用孩子的头脑思考，就会更理解孩子，亲子冲突也会减少许多。

尊重孩子的想法

孩子的想象力是非常丰富的，有些天马行空的想法，在大人眼里可能是非常不靠谱的，但是在孩子的概念中，却是千真万确、坚信不疑的。

父母既然邀请孩子参与制定了规则，就要充分尊重孩子的想法，同时也要学会包容孩子的一些有趣却看似不靠谱的想法，只要不违背基本原则，父母都可以尝试一下，这会让孩子对自己参与立下的规矩更有兴趣去遵守。

不要轻易让孩子讨价还价

有些父母说，我每次都向孩子解释得很清楚，为什么有些事情他不能做，而有些事他必须做，但孩子还是不肯放弃他的想法，最后常常陷入无休止的讨价还价中，有时为了一些小事就会缠磨很久，比如每天要不要刷两次牙。

父母向孩子解释原因、顾及孩子的想法肯定要比简单地命令孩子好，但讨论也不能没完没了，孩子会利用这样的机会不断地讨价还价。如果父母表现出犹豫，孩子就会乘胜追击，最后往往使立好的规矩顺着孩子的心意转换。

同时，并不是所有规矩都可以让孩子一起参与并讨价还价的。

给父母的建议

规矩并不是一成不变的，在规矩实施过程中可能会出现很多问题，有外在的原因，也有父母和孩子的原因，当一项规矩不适合继续执行时，需要适当调整。如孩子玩手机游戏的有关规定，在和孩子商量后，假期里："一天玩两次，每次 20 分钟。"开学了调整为："一天玩一次，每次 10 分钟。10 分钟时间可以分开玩，不能预支时间。周末还是沿用假期规定。"

比如，在外遵守交通规则就没有孩子反驳的余地。此外，当时间不够或状态紧急时，就不要与孩子继续缠磨下去。这时，父母只要对孩子清楚地说一遍：

“现在结束讨论，就这样做！”

父母坚决果断，不要有丝毫的犹豫。如果孩子发觉你是很严肃地说这件事的话，一般都会照你的话去做。

积极鼓励为主，不纠缠细节

孩子遵守规矩的过程中，父母要以积极鼓励为主，不要过多纠缠细节。比如，孩子一周中几乎做到了每天作业完成后才能看 20 分钟电视，只有一天没有做到。父母只需要温和地提醒一下，鼓励孩子下周要做得更好，不要过多责骂。只要孩子朝着好的方面发展，中间的反复都是正常的。

孩子六岁之前管什么呢？很重要的就是几个问题：克制任性，防止压抑，学会控制，学会忍耐，防止自私，经历挫折。

——李玫瑾

低声说VS大嗓门

不吼不叫，让孩子听你的

现实生活中，我们总是可以见到这样的场景：面对放声大哭的孩子，父母越是歇斯底里地斥责，孩子哭闹的声音反而越大。实际上，孩子的大嗓门是被母亲的高分贝吊上去的。这种父母与孩子之间的交战，只有等双方中某一方筋疲力尽时才能结束。

情景再现

飞飞又因为在学校欺负同学被老师请家长了，妈妈说：

“你太不让我省心了，我怎么养了一个这么不听话的东西！”

“飞飞，我了解了情况，你确实欺负了同学，你反省一下为什么犯这种错误，然后再找我谈。”

孩子犯错误时，低声讲话可以让孩子感到你是理智的，从而让自己的话更有说服力，同时也促使孩子保持理智。

美国海军曾经研究在军事行动中一项指令的下达应该以多大的音量发出最合适。实验者通过电话、舰船上的传声管，向接收者发送各种分贝的声音，结果表明：发送者的音量越高，接收者回答的音量越高；发送者的声音越低，接收者回答的声音越低。

这个规律告诉我们，当交谈双方的情绪处于紧张和敌对时，一方的低声有助于降低对方的音量，从而缓解双方的对立状态。

这就是心理学中的“低声效应”。这种效应给家庭教育的启示就是：有理不在声高。父母在管教孩子的时候，使用较低的音量要比使用较高的音量效果更好，而且越是批评的话，就越应该用低于平日的音量来讲。

一天，妈妈带着三岁的铭铭到朋友家做客。刚到时铭铭还很安静，但是过了一会儿，就跑到人家的床上开始蹦蹦跳跳，手舞足蹈。

看到这种情况，铭铭的妈妈没有发怒，而是走到铭铭跟前，用轻得几乎让人听不见的声音在铭铭的耳边说：

“你觉得不经允许就随便在人家床上乱蹦乱跳，是一件好事吗？”

妈妈的声音十分轻柔，脸上挂着和蔼的微笑，但铭铭却像听到了严厉的批评一样，马上停止了乱蹦。

这个事例就体现了“低声效应”的作用。在家庭教育中，降低声调、压低声音的讲话方式有很多好处。

促使孩子认真听

一方用低声讲话，对方就必须要集中精力才能听清。在这种情况下，即使他并没打算认真听这些话，但是由于条件反射的听觉动作，还是会不自觉地捕捉你谈话的内容，并进行理解。

缓和对话气氛

低声说话突出强调了这是两个人之间的谈话，不涉及其他人，是针对个人私下里讲的话，所以很容易形成一种“促膝长谈”的良好气氛。这对于正在挨批评的孩子来说，不会引起他的紧张感。

增强说服力

低声讲话给人的感觉是“理性”的表述，而不是情绪的宣泄。低声讲话可以让听话的人感觉到你是平静的，从而让自己的话更有说服力，同时也促使听话者保持理智。父母用不同于平日说话的低声来跟孩子交谈，其实也是在暗示孩子：现在爸爸妈妈的态

给父母的建议

低平的声音、沉稳的语调，能够促使对方认真倾听你的谈话，至少可以防止父母在教育子女时与孩子竞相拔高音量，使矛盾升级。低声说话可以使双方都处于冷静自制的状态中，可以为进一步说服孩子创造条件。相反，面红耳赤、声嘶力竭地数落孩子只会起到适得其反的效果。

度是异乎寻常的郑重，你一定要认真听才可以。

如果你审慎地以坚定的语气跟孩子沟通，这是一种与吼叫完全不同的管教方法。坚定而平静往往是让孩子倾听你的要求的有效方法。当你能告诉孩子你的期望，以及如果他不照做会有什么后果时，你就不是在吼叫。

——罗娜·雷纳

温柔教养，自然惩罚

平和而坚定地管教孩子

法国作家拉封丹写过一则寓言，北风和南风相约比武，看谁能把路上行人的衣服脱掉。北风大施淫威，猛掀路上行人的衣服，行人为了抵御北风的侵袭，把大衣裹得紧紧的。而南风则不同，它轻轻地吹，风和日丽，行人只觉得春暖身上，始而解开纽扣，继而脱掉大衣。北风和南风都是要使行人脱掉大衣，但由于态度和方法不同，结果大相径庭。

这则寓言反映了这样一个哲理：即使出于同样的目的，采用的方法不同，最后导致的结果也会不同。心理学将这一哲理称为“南风效应”。

南风效应告诉了我们一个道理：温暖胜于严寒。这也就是说，父母在教育孩子时，要特别讲究教育方法，如果你总是对孩子横加指责甚至体罚，就会令你的孩子把“大衣裹得更紧”；而如果你采用和风细雨的“南风”式的教育方法，那么你会轻而易举地让孩子“脱掉大衣”，达到你的教育目的，收到更好的教育效果。

情景再现

婷婷上幼儿园了，可就是不爱吃早餐，妈妈说：

✗  “快点吃！五分钟之内马上吃完，否则就别上幼儿园了！”

✓  “是因为没有你喜欢的食物吗？咱们说好了不能挑食的。”

父母应该站在孩子的角度，先寻找孩子不愿意做某事的原因，再温和地对孩子提出要求。

孩子都有本能的自我保护意识，他一旦发现父母想要教育他，就会进行紧张的心理防范。如果父母能从孩子的心理出发，消除孩子的对立情绪，创造心理相容的条件，就能顺利开启孩子的心理围城，脱去他紧护心灵的外衣。

对孩子表达尊重

父母和孩子定好规矩之后，孩子难免有故意不遵守的时候，或者干脆忘记了规矩。比如，父母带孩子过马路，遇到红灯时，孩子忘了“不准闯红灯”的规矩，根本没有停下来的意思。这时，你应及时提醒孩子，让他约束自己的行为。

在提醒孩子遵守规矩时，父母应该表现出对孩子尊重的态度，最好面对面和孩子说话，叫他的名字，眼睛看着他，用温和而坚定的口吻直接告诉他怎么做。例如，对孩子说：“妈妈希望你遵守交通规则。”

“请你马上把玩具收起来。”

而不是对孩子说：

“怎么不看红绿灯啊？”

“玩具又扔了一地，怎么不长记性？”

这些话容易让孩子感觉到不被尊重，容易激发孩子的逆反情绪。

让孩子自己做选择

父母在提醒孩子应该怎样做之后，如果孩子的自律意识没有被唤醒，父母可以把好的和坏的结果都告诉孩子，给他提供两个选择：如果你守规矩，会有什么好的结果；如果你不守规矩，将会受到什么样的惩罚。父母不妨先这样提醒孩子：

“如果你不守规矩，今天晚上的电视时间将被取消。”

“你违反了我们的约定，明天将负责打扫卫生间。”

孩子一旦不遵守规矩，父母要坚决维护规矩。为了向孩子表明父母是对事不对人，在执行规矩时应该做到就事论事，语气平和，不要有情绪。

给父母的建议

长期生活在“北风”式教育方式下，孩子可能会走向两个极端，要么对许多事情失去兴趣，给自己和他人造成伤害；要么不敢独立，成为父母和老师眼中的“好孩子”。这样的孩子走上社会后，要么缺乏解决问题的能力，不敢承担人生的责任；要么缺乏自信，一生唯唯诺诺，不能体现自己的价值。

自然惩罚，让孩子体验后果

夏女士曾规定女儿一天只能吃一次冰激凌。她多次告诉女儿："吃多了会肚子不舒服。"

但女儿不理解，不相信。

有一次，夏女士在提醒女儿不要再吃冰激凌后，见女儿不听，就不再提醒她了。女儿吃了两次冰激凌，结果不一会儿，就开始说肚子难受。

这时夏女士告诉女儿："这就是吃多了冰激凌的后果。要记住了，下次不能吃太多冰激凌。"从那以后，女儿再也没有要求过一天吃两次冰激凌了，甚至有时一天一次也不吃。

这个例子中的孩子就是在体验到不守规矩带来的自然惩罚后，提升了自律意识。

所谓自然惩罚，就是父母不给孩子外在的惩罚，而是让孩子体验不良行为所带来的不良后果，使孩子在承受后果的同时感受到不愉快，从而引起孩子的自我悔恨，自觉弥补过失，纠正错误。

换句话说，这个自然惩罚法就是让孩子自己为自己错误的行为买单，体验到这种后果的痛苦责罚，强化痛苦体验，从而吸取教训，不再犯错。

幼儿的心灵最容易受到各种印象的影响，甚至最轻微印象的影响……常常受到强烈的惩罚而变得粗暴的人，会残忍起来，冷酷起来，不知羞耻，于是连任何惩罚对于他都很快变得无效了。

——别林斯基

不粗暴，不唠叨

让孩子心悦诚服地接受父母的观点

如果父母总是对孩子指指点点，就会给孩子造成咄咄逼人的印象，令他难以接受，甚至因此引发对立情绪。相反，如果父母掌握说服孩子的方法与技巧，就能让孩子心悦诚服地接受自己的观点，收到事半功倍的教育效果。

情景再现

小华是家里有名的“起床困难户”，妈妈说：

✗ “马上起床！我数一、二、三……”

✓ “你昨天就没有赖床，非常棒！相信今天你也会准时起床。”

父母使用平和的话语叫家里的“起床困难户”起床时，不会增加孩子的紧张和焦虑，也不易让孩子感到烦躁。

心理学研究告诉我们：每个人的内心都有自己渴望的评价，希望别人能了解，并给予赞美。所以，父母在说服孩子时，不妨用“放大镜”观察孩子言行中的闪光点，给孩子一个超过事实的美名，让孩子得到心理上的满足，找回自信，进而在较为愉快的情绪中接受家长的劝说，学会自律。

严格但不粗暴

在管教孩子时，如果父母能用孩子愿意接受的形式进行，也许能避免很多矛盾。

用直接的而不要用会刺伤孩子的说法。如不要说：

✗ 你的房间看上去真乱！

而是说：

✓ 请你把玩具收拾好！

用明确的而不要用含糊的说法。如孩子玩得高兴不想吃饭，要明确告诉他：

✓ 吃饭时间到了，我们一起收拾玩具、洗洗手准备吃饭。

父母可以答应饭后再和他玩。让他明确知道他该做什么，不该做什么。

要学会称赞孩子而不是责怪他。如果孩子按照父母的话去做，就要称赞他，用亲吻、拥抱等方式表示鼓励，使孩子明白你喜欢他做什么，不喜欢他做什么。

如果孩子大哭大闹，父母可以冷处理，不要斥责他，也不要显得紧张。可以等孩子哭过了安静下来之后，再和他交流。

警惕沟通中的“超限效应”

小博从小身体就很弱，所以妈妈总是非常担心他的健康。每天早晨一起床，妈妈就开始了唠唠叨叨：

“小博，多吃点儿饭，这样身体才能好！”

“小博，今天天气冷，多穿点儿衣服别感冒了！”

“小博，外面刮风了，别忘了戴上帽子！”

“小博，你今天又忘记喝……”

终于有一天，小博生气地对妈妈说：天天就是这些话，烦不烦啊！

说完，小博背起书包夺门而出。妈妈则是眼泪汪汪，觉得十分委屈：我这不都是为了孩子好吗？孩子怎么能这么说我？

实际上父母过多的叮咛，并不能起到预期的效果，反而会因为过于唠叨使孩子感到不耐烦而听不进去，或者听得太多感到麻木，这都是因为产生了“超限效应”。

心理学上，机体在接受某种刺激过多的时候，会出现自然而然的逃避倾向。这是人类出于本能的一种自我保护性的心理反应。人们在受到外界刺激过多、过强或者作用时间过久时，会使人的心理极不耐烦甚至产生逆反情绪。这种心理现象就叫作“超限效应”。

因此，孩子犯了一次错，父母最好只批评一次。如果需要再次提醒的时候，要注意换个角度，用不同的话语去提醒孩子，这样才不会让孩子觉得因为同样的问题被父母穷追不舍，也不会因此对父母的说教感到厌烦。

如果对于同一个问题，父母一次、两次、三次，甚至四次五次地用同样的话语管教孩子，就会使孩子原本有些内疚不安的心情转变为不耐烦，最后发展到反感至极，甚至出现“我偏要这样做”的逆反心理。

减少单向说教，允许孩子争辩

父母在教育孩子时，往往会遇到孩子反驳、顶撞等问题。面对这种争辩，父母该如何处理呢？

明智的做法是给孩子争辩的权利，认真地听取争辩。这样做的好处有两个。

其一，从孩子的争辩中，父母可以了解到其发生某种错误行为的背景、条件以及心理动机等，从而有针对性地进行有成效的教育。

其二，让孩子争辩，也就为父母树了一面镜子，父母通过听取子女的争辩，可以检验自己的教育方法是否得当，发现不妥之处可以及时调整。

给父母的建议

父母想要说服孩子，就不要总是急于发表自己的看法。如果你的孩子喜欢顶嘴，那么在说服他的时候，不妨先听孩子把他想说的话说完，然后你再发表自己的看法。同时，还要多反省一下自己的行为，因为孩子有的时候跟父母对着干，是对过分控制他们的父母或过度唠叨的父母所做的最直接的反抗。

情景再现

岳岳和同学打架了，他认为不怪自己，妈妈说：

✕ “不许找借口！和同学打架还有理了！”

✓ “咱们先不讨论责任在谁，妈妈想和你探讨一下，当时除动手之外，还有没有更好的处理方式。”

父母要允许孩子辩解，同时还要引导孩子学会分析，能够辩证地看问题。

当然，允许孩子争辩是应遵守规则的。换言之，就是不允许他们胡搅蛮缠，随心所欲，而是在讲道理的基础上进行。假如孩子违反了争辩的规则，父母自然应该予以制止。

给孩子争辩的权利，这对很多父母来说并非轻易就能做到的，他们在教育孩子的时候，往往是只能我说你听，哪能容孩子争辩。因此，给孩子争辩的权利，需要父母克服自以为是、唯我是从，只准说是、不准说不的单向说教的思维定式，转变为尊重孩子、鼓励讨论、善于双向交流的思维方式。

当我们注意维护孩子尊严、尊重孩子并且态度坚定时，孩子很快就会明白，他们的不良行为不会得到自己想要的结果，这会激励他们在保持自尊的情况下改变自己的行为。

——简·尼尔森

不强迫，不独断

孩子需要说服，而不是压服

父母有时在面对孩子不合理的要求时，不知道该如何解释，或是已经解释过了，但孩子依然故我。这时，父母通常会说出独断的指令，比如：“因为我是你爸爸，所以你必须听我的。”“没有为什么，你必须照做。”只不过这样的高压命令容易造成反效果，不但没有解决孩子的问题，还可能会让双方僵持不下，最后伤害亲子关系。

情景再现

晚上 9 点半了，东东还想继续看动画片，妈妈说：

✗ “不许看就是不许看，哪来那么多问题。”

✓ “如果再不睡觉的话，明天你上幼儿园就会迟到。你还没有迟到过呢。现在去洗漱，睡前妈妈给你讲故事。”

父母采用协商和说明的方式，能让孩子发自内心地明白“爸爸妈妈不准我这么做，是真的为我好”。

如果父母习惯用独断命令的方式与孩子沟通，只会让他充满不解，并且因为害怕而不敢再问，最后不情愿地压抑自己内心的困惑。等孩子长大了，发现大人的高压命令是可以反抗、不听从的，这种压抑便会转变为凡事都跟父母争吵的叛逆，或是表面听话私下却偷偷去做父母不允许他做的事情，这两者都是在独断命令式管教之下所产生的后遗症。

父母如果凡事和孩子商量，孩子就会愿意主动与父母进行沟通，这样形成的亲子关系是非常令人羡慕的。

独断命令式管教对孩子的影响

叛逆或软弱

父母总是用命令的口气跟孩子说话，孩子容易变得顺从、胆小、懦弱；有些孩子忍受不了父母的“命令”，往往就会出现叛逆心理，容易变得脾气暴躁、敏感。

扼杀创造力

孩子总会有很多奇怪的想法，但有时还未等孩子把话讲完父母就会打断。在大人眼里，听话的孩子就是乖孩子，这其实是在扼杀孩子的创造力。

限制自主能力

孩子即使没有按照父母的要求去做，也不要对他们用命令的口气，否则孩子的自主能力会被限制。

协商能够让人感觉到受尊重。根据马斯洛的需要层次理论，受尊重的需要是人类较高层次的需要。一旦这种需要无法获得满足，人类就会产生沮丧、失落等负面情绪。

孩子也是如此，他们也有受尊重的需要。如果父母喜欢与孩子协商，孩子就会非常乐意与父母交流。

学会与孩子商量，在子女的教育中还有更为重要的一个方面。那就是父母对孩子提出的要求不能满足或不应满足时，不应粗鲁而简单地拒绝：“不行！不准你去！”或者在父母提出的要求儿女不同意时，也不应简单地采用命令方式：“这事已经决定了！”

父母学会与孩子共同商量既可以增加相互的理解，又可以避免家庭中一些无谓的争吵；而且更重要的是它可以教会孩子在社会上怎样做人和与人共事。因为我们在日常生活和工作中，只要与人相处，分歧便是难免的。

随着孩子年龄的增长，他们在喜好、兴趣，甚至交友诸方面看法都会与父母有分歧。这时父母对孩子的一些喜爱与兴趣绝不

给父母的建议

不管父母要求孩子做什么事情，一定要注意用商量的口吻，而不要用命令的口吻。

比如，提醒孩子做作业时，你可以说：“你现在是不是该做作业了？做完作业就可以看会儿电视。”而不要说：“赶紧去做作业！”或“还不去做作业呀？”

商量的语气对孩子来说非常重要，孩子会认为你尊重他，关心他的感受，从而对你产生好感和信任，促进亲子沟通。

能简单地禁止，而应在充分尊重的前提下与他们商量，以求得共识或找出正确的解决途径。

美国学者卡耐基说过，用“建议”，而不是“命令”，不但能维持对方的自尊，而且能使他乐于改正错误，并与你合作。

喜欢与孩子协商的父母是民主的父母。在这样的家庭氛围中，孩子渐渐养成了民主协商的习惯，愿意主动与父母进行沟通，这样的亲子关系是非常和谐与健康的。

你的举止应温和，即使惩罚他们，态度还是要镇定，要使他们觉得你的作为是合理的，对于他们是有益的，而且是必要的。

——洛克

讲故事，巧比喻

小故事中有大道理

在管教孩子的过程中，最令孩子反感的就是父母滔滔不绝地灌输一堆大道理，而故事对于孩子来说则是心中最爱，因此，父母不妨利用故事来妙喻说理，使孩子冷静深思、豁然顿悟，达到说服孩子的目的。

情景再现

妈妈让飞飞刷牙，飞飞非常抗拒，妈妈说：

✕ “宝宝快刷牙，不然牙齿会烂掉的。”

✓ “好，咱们先不刷牙。妈妈给你讲一个小老虎没办法吃小白兔的故事，好吗？”

父母采用讲故事的方式来讲道理，能很好地化解孩子的抗拒心理。

孩子天生是爱听故事的。故事更能吸引人，更容易让人听明白，理解其中的内容。好的故事往往包含着许多生活常识和人生哲学。

讲故事，其实是一种场景化教育，能让孩子融入场景中，用春风化雨，润物细无声的方式，更能让孩子主动学习成长。

讲故事和讲道理是两种不同的沟通模式。讲道理，是父母想控制孩子，孩子的第一反应就是自我保护——反驳和抵制。讲故事，是把父母和孩子放到同一场景中，彼此不再是控制和被控制的关系，而是相互的，是一体的。讲道理，是命令，是服从；讲故事，是平等，是协商。

伟伟是个属鼠的孩子，由于他连续两次在考试中得了满分，不免有点飘飘然起来，认为班级里只有自己才是天才。于是，妈妈便给他讲了下面的故事。

有只小老鼠遇见两个孩子在下斗兽棋，在观看时，它发现了一个大秘密：尽管兽棋中的老鼠可以被猫吃掉，却可以战胜威猛的大象。于是，它认为只有老鼠才是真正的百兽之王！

这么一想，小老鼠就得意起来。有一天居然大摇大摆地爬到老虎的背上去了，恰好老虎正在打瞌睡，懒得动，小老鼠于是更加得意忘形，它趁着黑夜钻进了大象的鼻子，大象觉得鼻子痒痒的，就打了个喷嚏。小老鼠立刻像出膛炮弹似的飞了出去，飞呀飞呀，飞了好半天，最后扑通一声掉到臭水坑里！

听了妈妈的故事，伟伟很快便改正了自己的缺点。

这位睿智的妈妈对孩子的缺点并未直接斥责，也未生硬地给孩子讲述大道理，而是以讲故事的方式巧妙比喻，让孩子自己去领会言外之意，这样的间接警告，收到了极好的说服效果。

每一个孩子都喜欢听故事，而身为父母要明白一定要学会给孩子讲故事。对此，很多父母会不以为然，认为讲故事谁不会讲，其实要想真正地通过故事达到亲子沟通的目的，首先要做一个会讲故事的父母。

父母讲故事要关注四要素

何时

要注意开门见山，首先引起孩子的注意与警觉。

何地

要尽快地进入场景，这样才会突出你想表达的主题。

何人

要有名有姓，这样才显得真实，也方便孩子理清思路。

何事

应注意具体化，描述细节化。

讲故事，最重要的是对事情的讲解，换句话说也就是重现场景。重现场景的一个技巧就是表达具体化，描述细节化，这样才能使孩子以一个感性的画面进入情节，引发思考。此外，父母给孩子讲故事时要遵守以下四个原则。

发掘教育性

好的故事不仅反映生活，其内涵揭示人生哲理，而且对人格的塑造发挥着积极影响，有教育意义。据此，给孩子讲故事，要充分发掘故事的教育性。要符合孩子的年龄特点，因势利导。对于幼儿期的孩子，可多选择一些童话故事，因为童话以儿童幻想为特征，从不同角度向孩子展示奇异美妙的现实生活，告诉他们真善美与假恶丑。

孩子三岁以后，物我开始分化，他们开始对人的故事和有关

自然、社会等方面的知识性故事感兴趣。这类故事，重点应放在讲清“发生了什么”，以拓宽视野，深挖故事主题。

加强针对性

孩子生理、心理发展不成熟，情绪波动大，给孩子讲故事应敏锐地捕捉孩子的兴奋点，以增强双边同步效应。

针对孩子可塑性强的特点，发现某些毛病和不足，可选有利于矫治的故事，通过故事形象来启发引导，达到自我鼓励和克服不足的目的。

讲故事的过程实际是一个还原生活的过程，孩子年龄小，社会生活经验贫乏，往往对故事的内涵领悟较困难。因此给孩子讲故事，首先应创设一种故事氛围，以达到借景生情的效果。

具体做法可以通过“解题”作铺垫，告诉孩子这是一个什么样的故事，要注意哪些情节和人物，等等。有这样一个开场，帮助孩子实现注意转移——集中到听故事上来，并意识到这个故事的新奇，做好“听”的心理准备。

另外，需要不断渲染故事情境，吸引孩子进入故事情节中。情境渲染的途径很多，比如角色形象创设，讲故事者角色扮演要到位，努力摆脱自己，按故事中角色的形象及个性特点来寓情于境。语言情景创设不容忽视，语言是沟通讲者与听者情感的重要媒介。讲故事要语言生动，清晰鲜明，儿童易懂，富有感染力，可使孩子移情于境。

运用悬念

悬念就是挂念，它是孩子听故事时特有的一种对故事发展和人物命运关切的心态反映。悬念的引入，就是打破故事完整的格局，在关键处置疑，让孩子按故事的脉络去思考。悬念分布既可从故事内容的教育性入手，分解为情感悬念、问题悬念、事件悬念等，也可从故事的结构上设置，如层次悬念、连锁悬念等。

讲故事设置的悬念，是为了使故事跌宕起伏、曲直交错，增强故事的艺术感染力。不过，悬念设置频率、深度要因孩子

给父母的建议

给孩子讲故事，有时候孩子注意力会不集中，这时父母要适时地给孩子提出一些问题，比如讲小兔子开店的故事，讲到袋鼠妈妈开店时，父母可以问问孩子，“为什么袋鼠妈妈想开书报店呢？”可以提醒孩子袋鼠有个大袋子。这样有意识地提出问题，可以吸引孩子回到故事中。

而异，不能因设置悬念而让孩子听故事的兴趣受损。一般情况下，讲故事过程中设置的悬念，随着故事的推进，都要揭示，不能悬而无破。

给孩子们讲故事时，当讲到精彩的部分时当即打住，鼓励孩子对后面的情节作出各种大胆的猜想。在下次接着讲故事前，先让孩子说出他的想法。如果没猜中，也要夸奖他大胆创想。在这样的训练中培养孩子的创造力。

——卡尔·威特

父母话术训练

当孩子不听话的时候，父母要说：

你没有把父母的话放在心上，我很难过。

话术重点　用冷静的语言表达自己的不满，提醒孩子的错误。

希望孩子早上能准时起床时，父母要说：

你觉得早上几点起床，才能保证上学不迟到呢？

话术重点　与孩子讨论，让他自己思考应该怎么做。

当孩子在外面贪玩不想回家时，父母要说：

妈妈感觉饿了，你愿意陪妈妈回家做饭吃吗？

话术重点　通过协商、谈判的方式，让孩子接受你的要求。

PART 3

亲子沟通话术：用心交流，平等对话

多交流，勤沟通

聊天是另一种形式的爱

每个孩子都有交流的需要。每天，孩子都会从外界获得许多信息，他们需要把这些信息与身边的人进行分享、交流，从而获得美好的情感体验。作为父母，常与孩子聊天不仅可以使孩子养成倾听与倾诉的习惯，还可以令孩子充分感受到父母的爱。

情景再现

哲哲当选为班长后，心里有顾虑，回家告诉妈妈，妈妈说：

✕ “那就别当了，不说了，我这里忙着做饭呢！”

✓ “是呀，当了班长责任就重了。一会儿吃饭的时候咱们讨论下怎么办。”

父母如果能够站在孩子的立场去考虑孩子的感受，谈话的效果就会有明显的不同。

聊天是与孩子交流最简单、最有效的办法，既可以随时了解孩子的想法，又可以让孩子感受到来自父母的关心和爱护。只要掌握平等、亲切、真诚、民主、爱护的原则，和孩子进行朋友般的对话，那么孩子就会认为你是最可信赖的父母，就会敞开心扉向你倾诉内心的一切。

再忙也要和孩子聊天

一个初中一年级的男生曾经对老师说：“我很害怕放假。”老师很奇怪，就问他究竟是怎么回事。他说：“放假在家里，爸爸妈妈都上班了，只有我一个人在家，我特别害怕，也很孤独，根本没有人跟我说话。爸爸妈妈一点儿也不了解我，他们只会问：‘作业写完了吗？’‘这一天你都干什么了？’他们从来不问我在想什么，也不和我聊天。我想说的话只能晚上说给星星和月亮听。我不喜欢放假，我喜欢上学，因为学校里有同学，和同学在一起我感到很开心。”

有些父母觉得给孩子吃好的、穿好的，关心他的学习，孩子就会感到很幸福。其实，最受孩子欢迎的父母反而是那些每天能安排一些时间和孩子说话的父母。要让孩子感到幸福，绝不仅仅是提供物质上的满足，更重要的是与孩子在精神上有很好的沟通。而每天抽出一定的时间陪陪孩子，就是与孩子进行精神交流的最好渠道。

所以，父母不管工作多忙，一定要挤出时间陪孩子聊聊天，因为孩子需要和父母“单独在一起说话”，孩子需要从对话中感知父母对他的爱，从而获得安全感和幸福感。

同时，孩子也需要父母来与他一起分享喜悦，分担痛苦。孩子如果缺少父母的陪伴与沟通，就容易产生“情感饥渴”。这样的孩子可能会特别任性，偶尔还会做出一些古怪的行为，以引起父母对他的注意，同时也可能极端自闭，郁郁寡欢。

当孩子出现这些情况后，父母才发现自己的失职并且后悔不已，很可能已经来不及了。因为要修补受到伤害的亲子关系，解决孩子的“情感饥渴”问题，或许要花很长很长的时间，甚至很难做到了。

父母要定期与孩子聊天

父母与孩子聊天可以约定在每天的固定时间，也可以通过固定的方式来进行。

比如，每天晚饭后半小时，陪孩子看动画片，陪孩子一起学习，与此同时跟孩子一起聊天；睡觉前陪孩子看会儿书，给孩子讲讲故事，听听他与小伙伴在一起的事情。

每周可以安排带孩子去公园游玩、爬山等活动，在游玩中，家人聊天的话题自然会多起来。父母听听孩子讲最近愉快的事或者烦恼的事，分享孩子的快乐，帮助孩子解决一些烦恼。父母也可以向孩子讲述一些自己的事情，让孩子了解大人的烦恼和快乐，让孩子多了解父母，培育良好的亲子感情。

有一位朋友曾说：

> 小时候，每天放学回家，妈妈在厨房忙晚餐时，我总是跟前跟后，叽叽喳喳，忙着把学校发生的事告诉妈妈。接下来爸爸回家了，一家人一起上桌吃晚餐，爸爸聊聊办公室的新闻，妈妈聊聊街坊邻居和弟弟妹妹，我则说着学校发生的事情，那是我最怀念的，也是作家子敏笔下最珍贵的——“金色的团聚”。

给父母的建议

其实，父母并不需要拿出大块的时间来与孩子聊天。做家务的时候，工作的间隙，都可以与孩子闲聊一下。闲聊可以丰富孩子的生活，使孩子的情绪得到调剂和放松，同时也不要小看闲聊的作用，在这些闲聊中，父母可以及时了解孩子的思想动态，为进一步有针对性地进行教育打下基础。

就是这些聊天的时光，把一家人紧密地黏合在一起，也凝聚了父母与子女的情感。

教育需要父母与孩子间的积极沟通，沟通本身也是一种教育。父母的言谈处世影响着孩子能否对他所处的环境以主动和自信的姿态出现，能否从容理智地解决问题。

——卡尔·威特

有共鸣，更贴心

把话说到孩子心里去

有的父母认为，和孩子聊天就是有什么说什么，无所顾忌，其实不然。父母与孩子聊天应该是一门艺术，有效的聊天会让孩子与父母的心与心之间搭起一座桥梁，这座桥梁会连接起辈分之间的代沟。而随意、没有技巧的聊天有时候还会起反面作用，会使孩子失去对父母的信任，甚至使孩子渐渐封闭心灵。

情景再现

孩子在看关于超人的漫画书，问爸爸关于超人的问题，爸爸说：

✕ “都是假的，骗你们小孩子的。”

✓ “你认为世界上如果真的有超人，会像漫画书里那样无敌吗？”

父母如果能够从孩子的角度考虑问题，融入他的话题，就能让亲子沟通更顺畅。

有些父母与孩子之间的话题仅限于孩子的学习方面，忽视了与孩子的情感交流。这必然会导致孩子的不满。父母对孩子关注的兴趣点很茫然，但仍然对孩子唠唠叨叨。久而久之，孩子就会失去与父母沟通的欲望，亲子之间的沟通就会越来越少，彼此之间的隔阂就这样产生了。

寻找聊天的共同话题

父母需要花点工夫多陪陪孩子，努力寻找聊天的共同话题。比如，孩子喜欢看漫画，父母也可以看看孩子喜欢的漫画，从而获得交谈的话题。当然，交谈的时候不要以教育孩子的口吻进行，而是应当以朋友的口吻，亲切地与孩子聊天。比如，年幼的孩子喜欢看动画片，父母可以陪着孩子一起看，边看边评论：

✔ 哎呀，三毛真是个懂事的孩子呀！

✔ 瞧，孙悟空的本事真大！

这样，孩子的思维也会随着父母的评论而活跃起来，他们会自动与父母搭话，只要话匣子一打开，父母就可以更好地与孩子聊天了。

用心观察，引导孩子聊天

父母与孩子聊天时要学会观察孩子的表情，针对孩子的不同表情有意识地引导孩子说话，这样的聊天往往进行得比较顺利。

如果发现孩子比较兴奋，父母就可以微笑着问：

✔ 今天这么高兴，是不是发生了什么让你高兴的事啊？说来给妈妈听听吧！

如果发现孩子面带沮丧，父母就要关切地询问：

✔ 你是不是心情不好？遇到了什么困难和问题？需要帮忙吗？

给父母的建议

孩子喜欢微笑的父母，有的家长每时每刻都会摆出一副威严的样子，让孩子看了害怕，不愿意说出心里话。聊天的时候应该放下身段，用平等的态度和蔼地与孩子聊天，让孩子忘记辈分的隔阂，放下包袱与父母推心置腹。

如果孩子与同学、朋友之间发生了不愉快，父母不要急着指责孩子，而是要平静地问：

✔ 哎呀，什么事情让你这么生气，说来听听？

这种形式的发问因为关注了孩子的情绪，往往能够引导孩子作出积极答复。

在聊天时，父母可以适当运用肢体语言，比如适时地抱抱孩子，亲吻孩子，等等。孩子会感觉到父母是爱他们的，把父母和自己聊天的过程当成是爱与被爱的事情。孩子就会越来越愿意向父母倾诉自己的心事，亲子感情会越来越深，从而实现了有效的聊天。

对孩子训话意味着你要求他绝对服从，让他像你一样思考问题。与孩子朋友式地交谈，意味着大家一起寻找方法解决问题，重新衡量自己的观点，搞清楚究竟谁的更符合实际。

——赫伯特·斯宾塞

有耐心，肯倾听

父母学会听，孩子才会说

每个孩子都渴望有人能听自己说话，如果父母能尊重孩子的说话权，对孩子的倾诉多一点耐心，不急于打断孩子的话，那么孩子遇到事情时就会乐于向父母倾诉，从而与父母建立良好的沟通关系。

情景再现

阳阳放学后，兴冲冲地跑回家，跟妈妈说学校的事情，妈妈说：

❌ “你管好自己就行了，赶快写作业去。”

✔ “哦，他们两个又打架了？你们老师肯定很生气吧。”

父母在听孩子说话时，尽量不打断、不否定，让孩子把话说完。

现实中，大多数父母在生活上都对孩子十分关爱，可是在真正平等地对待孩子、尊重孩子等方面却做得不够好。当孩子学习和生活上遇到什么问题向父母诉说时，稍微不顺父母的意，话就可能被强行打断，有的时候还可能会换来一顿责骂。

孩子的话语权得不到父母的尊重，久而久之，孩子就会与父母产生对抗情绪，以至于双方相互不信任，沟通困难。一旦孩子的想法得不到父母的重视，他就会把自己的秘密埋在心里，父母也就很难再有机会知道孩子的所思所想，这样教育孩子的时候便会感到无所适从。

让孩子把话说完

当孩子说话时，父母无论多忙，一定要用眼睛温柔地注视着孩子，不要随意插嘴，尽量表现出你听得很有兴趣的样子，让孩子能够完整地发表他的观点。如果你在某一重要原则上不同意他的看法，应该明确地告诉孩子你不同意他的什么观点，并说出理由。

此外，在提出反对意见时要注意态度，不要过于武断，也不应该否定一切。即使孩子是在胡说八道，也要控制自己的脾气，不能妄下定论，直到确定自己完全听清楚理解后再说出自己的看法。

父母应该尽可能多地与孩子交流，而且应该试着用不同的方法让孩子愿意跟父母交流。父母在倾听孩子说话时，应该更加富有耐心和同情心，应该努力地尊重孩子，从孩子的角度分析问题和解决问题，这样才能营造出更加友好的交谈氛围。

同时，父母应该学会正确“听话”，在听的过程中不责备、不打岔、不否定，以便于孩子畅所欲言，也便于父母看清孩子的内心世界，并在此基础上创造出更多与孩子交流的机会。

和孩子交流时要少说多听

钟科的母亲平时教育钟科时特别喜欢唠唠叨叨，从来不听钟科的意见。

有一天，钟科放学回家，放下书包就开始诉说学校里的不良现象，并发表了自己的许多看法。奇怪的是母亲并没有打断钟科的话，而是认真地听钟科把话讲完。钟科虽然不知道是为什么，但心里真的特别高兴，于是感激地说："妈妈，谢谢您今天听我说了这么多的话。"

原来钟科的母亲得了咽喉炎，嗓子哑了，医生叫她少说话。钟科回家时，她刚吃完药，虽然听了一半就想打断孩子的话，但因嗓子疼说不出话，所以只好听他说下去，没想到最终竟听到了孩子的心声。

妈妈成为一个被动的"倾听者"，此时的教育效果是她意想不到的。所以，少说多听也是一个好方法，说教太多，教育效果未必好。

父母通常会将自己的生活体验告诉孩子，应该怎样做，不能怎样做。当孩子不愿遵从父母的意愿，依然我行我素时，父母就会为孩子可能犯的错误而焦虑，为他们可能遇到的挫折而忧心忡忡。做家长的责任心促使父母不断向孩子重复自己的意见，重复自己的要求。于是，矛盾爆发了。

所以，父母应该改变传统的教育方法，多倾听，少说教，这是一剂良方。

父母倾听时的注意事项

面对面听孩子说话

因为孩子小，声音弱，所以父母在倾听孩子说话时，最好使自己在身高上与孩子处于平等位置，互相凝视，这样效果会更好。

保持平等地位

父母应以关怀的笑容、信任的眼神、理解的心态耐心地听孩子把话说完，以平和商量的口气与之交流。

给予良好反馈

在倾听时，父母要表现出有兴趣了解的表情，并不时地使用“是的”“嗯”“我了解”这样的语言，鼓励孩子继续说下去。

孩子越小就越愿意倾诉，父母应充满耐心与兴趣地倾听，因为这是亲子沟通的黄金时期。为什么会有许多父母抱怨孩子越大越不愿意和他们交流呢？其实部分原因是孩子小时候的倾诉意愿没有得到父母的重视，因而渐渐地孩子也就不愿意和父母交流了。其实，孩子年龄越小，就越容易沟通，如果坚持下去，孩子即便大了，也会习惯与父母交流。

父母要学会倾听孩子的心声，让孩子感觉到你对他的重视，孩子对你的信任也会越来越深。这样一来，你的孩子才会向你袒露内心世界，让你知道他对事物的看法和感受。父母要学会听，孩子才会说。

给父母的建议

耐心倾听孩子的话，父母才能感受到孩子的成长，才能了解孩子的内心世界。当孩子明白父母愿意倾听自己的诉说时，内心会异常满足。大人也是如此，当自己喜欢的人愿意听自己说话时，心情就会变得平静。孩子更是这样，如果自己最喜欢的人认真听自己说话，那他小小的内心就充满了幸福感，忘掉了所有的烦恼。

母羊要是听不见她自己小羊的啼声，
她决不会回答一头小牛的叫喊。

——莎士比亚

多鼓励，会引导

让孩子学会表达自己的想法

父母应该给孩子一个轻松的成长环境。大胆地鼓励孩子说出自己的看法，同时对孩子说出的正确看法予以鼓励和支持，并指正孩子看法的错误之处，让孩子从中吸取经验，使之成为孩子日后成功路上的基石。孩子能够自由、准确地表达自己的意思，能够使孩子提升自信心、自尊心。孩子能够大胆说出意见是一种自信的表现，更是一种能力的体现。

情景再现

爸爸妈妈在商量假期旅游的事情，女儿不想去海边，妈妈说：

× “你不是挺喜欢海边的吗？这个季节去海边最舒服，就这么定了！”

✓ “看来你有更好的主意，说出来听听。”

鼓励孩子说出自己的真实想法，让孩子养成敢于表达的习惯。

语言是孩子重要的表达工具，让孩子大声说出自己的想法，情绪才不会受到压抑。孩子表达清楚自己的意见，才能获得更多的关注和帮助。

只有给孩子一个轻松的成长环境，才能让孩子更好地表达自己的看法和想法，让孩子在表达的时候毫无顾虑，真正说出自己的心里话。

有些父母会否定孩子的看法和想法，认为孩子的想法比较幼稚，更不认可孩子对某件事情的看法。这样往往让孩子害怕表现，不敢去表达自己的思想，害怕自己的想法会得到父母的嘲笑。慢慢地，孩子的性格就变得比较消极和自卑，更多的时候会引发孩子的不良情绪。

章显是个特别听父母话的孩子，但就是不爱多说话。平时，做完作业，他就喜欢读书或者看电视，很少与父母交流、谈心。章显的爸爸妈妈平时也是大忙人，没有注意孩子在表达方面的表现。

北京 2022 年冬奥会和冬残奥会吉祥物揭晓时，章显和爸爸妈妈一起看这个节目。爸爸和妈妈在讨论“冰墩墩”和“雪容融”哪一个名字和形象更好一些时，在旁边坐着的章显却一言不发。

妈妈觉得每一个孩子看到这些吉祥物可爱的样子，都会情不自禁地说上几句的，爸爸也意识到儿子实在是太沉默了，家里几乎听不到他的声音，于是问道：“儿子，你喜欢哪一个呢？”

章显见爸爸问自己，想也没想就回答说：“都差不多。”

妈妈接着说：“我喜欢‘冰墩墩’。你觉得怎么样呢？”

章显默默地点了点头。

爸爸和妈妈相视了一下，妈妈又对他说：“显显，你已经是大孩子了，对任何事物都该有一个自己的喜好评价呀？每个人都是有头脑和思想的。你有什么想法，以后要跟爸爸妈妈说出来才行。”

后来从章显的老师、同学那里了解到，章显碰到说话、发言的事情就往后躲，上课回答老师问题从不举手，偶尔被老师提问，他也会满脸通红、吭哧吭哧地说不出话来。

在需要交流与合作的现代社会，语言表达能力被当作评价个人知识、修养和能力的重要标尺。所以，父母要重视对孩子说话能力的培养，特别是对于故事中的章显这样不爱表达自己想法的孩子，一定要鼓励他主动说出自己心里的真实想法。

有的孩子本身性格内向，对于这类孩子，父母要尽量让他多和外界接触，让孩子在与他人接触的过程中养成与别人交流的好习惯，学会向他人表达出自己内心真实的想法，并逐渐形成外向的性格。

有些孩子在外人面前会害羞，对于这类孩子，父母要学会尊重，要站在朋友的位置，用心去感化孩子，帮助孩子矫正害羞的习惯，让孩子学会交流，掌握融入人群中的方法，以便得到他人的理解和支持。

有些孩子在家里很能说，只要给他机会就可以不停地说下去，但大多都不着边际，有很多时候话讲完了，听的人却一头雾水，不知道孩子到底想表达什么。有些孩子，在父母面前能说会道，但遇到陌生人，便吓得不敢出声。有些孩子在私底下说得头头是道，但让他在有外人的场合发言却扭扭捏捏，说话结结巴巴，这些都影响孩子今后顺利地步入社会。因此，父母应该引导孩子从小会说话，有勇气、有信心说话。

激发孩子说话的欲望

性格内向的孩子常常喜欢独自一个人玩，默默地做事，对于这样的孩子，父母要千方百计地引导他说话，把他说话的欲望激发出来。

父母可以问孩子一些问题，尽量避免问那些只需要孩子点头说“是”“有”或摇头说“不是”“没有”这一类问题。可以问他一些学校里的情况，比如：

“老师是怎么夸奖你的？”

“班里和你最要好的同学都有谁？”

帮助孩子说正确的话

孩子说话时可能会出现用词不当、前言不搭后语等现象。父母在听的过程中，要随时帮助孩子选用正确的词汇，指导孩子说话时注意词语搭配准确，把话讲完整，把想讲的事情思考后再组织语言通顺地说出来。长期坚持下来，孩子语言表达的准确性就会不断提高。

注意提高孩子的思辨能力

由于孩子的知识面较窄，接触外界的机会相对要少，辨别能力比较低，所以，他们说的话常会与客观事实不符。父母在听的过程中，应注意把握孩子的说话内容，正确地判断，并给予积极的肯定。在父母与孩子共同的评析过程中，孩子思想的准确性、深刻性会变得更好。

父母如何培养孩子的思辨能力

多看书

让孩子多看书，从中学习语言的用法，阅读多了，自然会形成逻辑思维，语言表达也就更具说服力了。

多发言

只要有机会就与孩子交流，有意识地提问。锻炼孩子在聚会时发表自己的意见，哪怕孩子说得不好，也要鼓励他。

多活动

经常带孩子走出去，开阔视野，了解世界、了解社会，鼓励孩子多与他人交流。

给父母的建议

在孩子很小的时候，父母就要引导他尽量习惯陌生的环境、陌生的人。在生活中，鼓励孩子参加各种活动，多提供与小朋友交往、玩耍的机会。当孩子一天天长大，要去面对令他困惑的新情境时，父母的鼓励和支持会让孩子知道，一切都是有趣的，一切都是友好的，只需要让孩子拿出更多的好奇和勇气来面对。当孩子面对生人时，要鼓励孩子多与人交流，多表扬孩子，消除孩子表达上的心理障碍。

在让孩子大声说出自己想法的过程中，他们的个性得以张扬，心灵得到了放飞，思想得到了解放，自主意识得到了加强。只要给孩子大声说话的机会，就会还他们以自尊与自信。

——约翰 · 洛克

能理解，有共鸣

站在孩子的角度考虑问题

父母在与孩子对话的时候，一方面要关注孩子的心情，另一方面也要把正确的价值观传递给孩子。现实生活中很多父母倾向于只传递价值观，他们认为，这些才是真正为了孩子的将来好，其他都是次要的。

情景再现

周末，小敏在家里看电视，感觉无聊，妈妈说：

✕ “作业做完了？那就去看看书，给你买了那么多书也不知道看！”

✓ “怎么了？是不是这个综艺节目太无聊了？”

父母从尝试理解孩子的角度说话，才不会引起孩子的反感。

有时候孩子只是想表达一下自己的情绪，但是父母却误以为孩子在向自己咨询“解决问题的方法”。上面讲到的小敏只是想表达自己的感受，并期望得到妈妈的认同，她并不需要妈妈的主意或批评。

父母与孩子沟通时的对话可以分为两类，一类是“试图理解孩子情绪的对话”，另一类是“传递价值的对话”。所谓“试图理解孩子情绪”的对话，就是从孩子的角度出发，用孩子的眼光看世界。

当小敏说“无聊”的时候，如果妈妈这样说：

✔ 你是因为没有人陪你玩才觉得无聊的吗？

或者：

✔ 是不是电视节目太无聊了？

这样就不会引起孩子的反感。

孩子通过这些对话清楚地感受到了父母为了理解自己所做出的努力。这样说完之后，父母再提出什么样的建议，孩子一般都会努力去接受或者尝试，因为他知道这个建议是爸爸妈妈站在自己的角度提出来的。

而“传递价值的对话”是从父母的角度出发，把想法单方面传递给孩子的对话，它是为了达到教育孩子的目的而发起的对话。指出孩子的错误行为，并且向正确方向引导孩了的对话，都是典型的“传递价值的对话”，比如“你一定要认真听讲”“回家之后必须先完成作业”，等等。

如果父母只关注“传递价值观的对话”，孩子就会不自觉地对父母的话产生抵触情绪，因为在传递价值观的对话中，父母难免会批评和指责孩子，孩子的自信心就会受到打击，时间长了，孩子就会逐渐远离不承认自己能力的父母。

那么这两种对话如何才能平衡呢？

给父母的建议

父母和孩子对话时可以运用 80/20 法则。80/20 法则原本是经济学中的一个公式，意思是说如果抓住了事情的关键，那么只要付出 20% 的努力，就可以取得 80% 的成效。因此在与孩子的十句对话中，至少有八句应该是关心、理解和赞同孩子情绪的对话，而剩下的两句可以是传递父母价值观的对话，这样孩子就能自然地接受父母的教育而不会产生逆反心理。

父母亲与孩子相处中是不是理解孩子，是不是让孩子感觉舒服和自然，这是特别重要的。孩子跟你相处当中如果老是紧张、没有被尊重，或者他觉得受到的拘束太多，他就会觉得不快乐。

——尹建莉

多微笑，常拥抱

一个拥抱胜过十次说教

在与孩子交流的过程中，父母要适当地运用肢体语言，这样可以强化口头语言的使用效果。特别是对于年龄偏小的孩子来说，父母的肢体语言可以使他们柔弱的心灵得到莫大的安慰，一个鼓励的眼神、一个温暖的拥抱，都会使他们觉得温馨，获得安全感。

情景再现

女儿摔倒了，妈妈说：

✗ “不疼，不疼，宝宝快起来！”

✓ “女儿最勇敢了，会自己起来。”

平和的表情，坚定的话语，能帮助孩子保持冷静。

当孩子摔倒的时候，我们常常可以看到一些父母嘴里说着：

✗ 宝宝快起来，不疼不疼！

可是脸上却带着惊慌失措的表情，手也不由自主地伸向孩子。孩子看到父母这时候的表情，就会大哭起来。

其实孩子年龄虽小，但是感觉却是相当敏锐的，他们能从父母微妙的表情和动作中判断出父母的态度。如果在孩子跌倒的时候，父母以坚定的目光看着孩子，并对孩子说：

✓ 自己起来吧！

孩子就会知道父母不会帮助自己，然后就会自己站起来。

曾经有这样一个实验：

让妈妈面无表情地看着正在笑的六个月大的孩子，结果，不一会儿，孩子就不再笑了。当妈妈离开后，再次回到孩子身边时，他根本就不看妈妈。

这个实验证明，面无表情或郁郁寡欢的妈妈很容易刺伤孩子的心。孩子虽小，但却能清晰地从妈妈的表情、动作上感觉到妈妈的态度。

因此父母与孩子在一起时，一定要留意自己的身体语言。当孩子想妈妈了或者被别的小朋友欺负了，可以把孩子搂在怀里，脸贴着脸，缓缓地拍着他的背部，嘴里轻轻地说些安慰的话，这样孩子那颗惊慌失措的心便会渐渐趋于平静。

当孩子说着不着边际的话时，父母最好也面带微笑地等他说完再发表见解，可以伴些手势和面部表情，这会使孩子觉得自己像大人一样被尊重。

当和孩子玩游戏时，调皮的孩子故意耍赖，父母要么刮刮他们的鼻子，要么摸摸他们的头，再不然就亲亲他们……这时候孩子们就会围着父母又蹦又跳，显得特别开心。

总之，除了正常的语言交流外，父母适时地给予孩子的一个拥抱或者一个吻，都可以很好地激发孩子的积极性，让他们体会到父母的可亲可敬。而对于那些调皮捣蛋的孩子来说，父母一个严厉的眼神，也许比责骂更有效果。

此外，在父母与孩子的交流中，还要学会读懂孩子的身体语言，以此来“透视”孩子的内心世界。

关注孩子的面部表情

孩子情绪和感受的变化，最早会体现在脸上。比如孩子笑的时候说明心里是高兴和愉快的；哭的时候可能是委屈、悲伤、痛苦、伤心的。

孩子点头，表示同意；摇头，表示否认；眼神集中，说明孩子对该事物感兴趣；面露疲惫，说明孩子觉得无聊等。面部表情具有直观性和形象性，父母掌握了孩子的面部表情变化，才会更好地把握孩子的情绪和心理变化。

留意孩子说话的语调和语气

孩子的非语言表达方式有很多种，语调和语气是其中很重要的形式。孩子如果感到紧张、害怕、恐惧，就会出现结巴的现象；孩子思考问题时，可能不会说话或有动作反应；孩子语速快，说明情绪很激动、兴奋；孩子故意加重语气，可能是为了引起父母的注意等。

这些都需要父母用心去体会。父母可从孩子的话语中，窥探他的内心世界，再给予孩子适当的鼓励，孩子会更愿意和父母说

给父母的建议

了解孩子的肢体语言，就可以在孩子需要帮助的时候用肢体语言表达自己的情感，像春风一样温暖孩子的心，会让孩子收获更多的关爱和欢乐。请父母们时刻把这样一句话放在心头：任何时候，孩子都更愿意相信父母的表情，而不是父母的话。所以，不要吝啬自己的肢体语言，让它们带给孩子一份特别的鼓励和关爱吧！

心里话。

注意孩子的举止

当父母向孩子说教时，孩子可能会用手捂住耳朵，或者会故意做别的事情，这是在向父母传达“我对您所说的没有兴趣”这样的信息。

如果孩子注视着父母，安静地听父母说话，说明孩子对父母的话题感兴趣，这时对孩子施教，会取得理想的教育效果。

孩子的心理和情感变化信息，都会在孩子的细微动作中体现出来，父母要根据孩子的动作，了解他的内心活动，从而调整教育孩子的方式。

给孩子积极的情感反馈

当孩子的信息通过肢体语言表达出来的时候，细心的父母要懂得分享孩子的情绪感受，与孩子进行眼神的接触，或者用点头的方式表示对孩子所说的话感兴趣。父母只有给予孩子积极的情感反馈，才会激发起孩子良好的自我感受和评价，从而有利于孩子的身心健康。

并不是每一个母亲都具备爱抚孩子的能力，尽管世上的孩子都渴望着被爱。并不是每一个母亲都能够释放出母性的光辉，尽管这世上的孩子都渴望着被这光辉照耀。

——铁凝

玩游戏，促交流

把与孩子的交流变成游戏

孩子都非常渴望和父母一起玩游戏，这是他们成长过程中最开心的时刻。因此为人父母，无论多忙，都应该有一份“闲情逸致”，陪孩子玩玩游戏，陪孩子走过成长中的每一个日子。

但是，很多父母并不明白这一点，要么拒绝孩子的请求，要么总是随意中断正在进行的游戏，这样不仅影响父母与孩子之间的情感交流，而且会打击孩子参与游戏的积极性。

情景再现

儿子想让爸爸陪他一起玩赛车游戏，爸爸说：

✕ “你自己玩吧，爸爸忙着呢。”

✓ “好啊，爸爸可是赛车高手，要赢我可不容易。”

父母在和孩子游戏的过程中，能促进二者之间的感情，能够让孩子体会到父母的疼爱。

很多父母平时忙于工作，很少有时间静下来倾听孩子、陪伴孩子。孩子也没时间和父母交流，时间长了，父母有时候根本捉摸不透孩子心里到底在想什么。

亲子游戏是一种心与心的沟通和交流，是孩子和父母之间架起沟通桥梁的最好方法。父母如果想要了解孩子、亲近孩子，那么，陪伴孩子做游戏是最好的途径。

在游戏中，父母可以和孩子用游戏的语言、角色扮演等方式进行心灵上的沟通和言语上的沟通，每天也许只需要十分钟的亲子游戏时间，就能够完成一次高质量的亲子陪伴，这对父母来说应该不是一件特别困难的事情。

这是出自《卡尔·威特的教育》中的一个故事，可能对父母们有更多的启示。

爸爸给卡尔买了一套积木，卡尔对这个礼物很喜欢，把大量的精力花在了摆弄积木上。

一次，小卡尔花了很大工夫用木块搭了座城堡，其中有房屋、城门、城墙，还有做得非常精致的小桥。

正当他准备叫爸爸来看时，由于十分激动，他的衣角不小心在城堡的主要建筑——一个高高的钟楼上扫了一下。顿时，钟楼倒塌了，砸坏了其他建筑，还毁了他精心搭建的最令他满意的小桥。顷刻间，他的杰作成了一片废墟。爸爸看到了这一切，对小卡尔说："哎呀，刚刚发生了一次地震，让我们赶紧进行灾后重

建吧！”小卡尔本来有些沮丧，可当他听到爸爸的话后，顿时又兴致勃勃起来。

不久，小卡尔完成城堡重建了，并邀请爸爸欣赏他的作品。爸爸看得非常吃惊，他没有想到，他的儿子会做得那么完美。

“爸爸，我认为这比前面那个做得还要好些，因为我做第二次时对它做了不少修改，并且做得更快了。”小卡尔自豪地对爸爸说。

相比之下，小麦克就没那么幸运了。

五岁的小麦克的小房间一般不太整洁，玩具从盒子里倒出来后，常常不主动收拾好，就去玩别的了。

有一次，爸爸对小麦克说：“把你的房间收拾干净再出去。”

小麦克说：“我已经收拾好了。”

爸爸走进房间一看，地上已没有玩具了，可还有好几本儿童画报没有收拾好，便对小麦克说：“你看你的小人书到处都是，真不像话，别人会笑话你的。”

小麦克像什么也没有听见似的，溜出去玩了。

我们可以说，小卡尔的爸爸真正以童真的眼光看世界，读懂了孩子的心，而小麦克的爸爸则是一种“成人主义”的说教，交流效果显而易见。

聪明的父母应当努力把与孩子的交流变成游戏，他们也懂得：语言刺激最好都带有孩子喜欢的趣味性，而在所有孩子所喜欢的活动中，父母都要与孩子进行必要而有效的语言交流。

在玩游戏的过程中与孩子说话

家庭游戏是使家庭成员达成良好沟通的桥梁。孩子的天性就是喜欢游戏，他们需要在游戏中找到快乐，也需要在游戏中成长，父母们也会在游戏中重新觅回已逝的童心。

游戏使家庭成员融为一体，使大家有更多有意思的话题，使沟通更轻松、有趣。家庭游戏和家庭趣味活动可以有多种多样的形式。

例如，先由一个人在纸上画出一个图形，一个圆，一个三角形，甚至一个墨水点，其他的人在这个形状上加工，画出一幅完整的图画，这个游戏被称为“怪东西”。“家庭卡拉 OK”“家庭讲谜语故事”“家庭画展”“家庭数字扑克牌”“集体做饭”“绕口令比赛”“家庭成语接龙”“家庭机智问答”等室内趣味活动，都可以丰富家庭文化，增进家庭成员间的交流。

户外游戏的形式，那就更丰富多彩了。各种活泼有趣的游戏能自然而然地营造一种轻松欢乐、自由自在的家庭气氛。父母暂时收起严肃的面孔，和孩子一起欢笑玩耍；孩子也不再感觉父母是威严不可抗拒的铁面家长，而是有意思的玩伴。在这样一个欢乐的氛围中，父母与孩子的关系必然也是亲密的、和谐的。

在想象的世界里与孩子说话

有时候，父母不妨忘记现实的日常生活，为孩子创造一种童话般的氛围。孩子眼里的世界是浪漫的、多姿多彩的，父母应该珍惜孩子的这份童心，努力在诗情画意里与孩子的童心进行交流。例如，过节的时候，父母可以就这个节日给孩子讲某位神仙会从烟囱里钻出来给孩子们送礼物的故事，而且还可以说只有听话的孩子才会得到礼物，那些常在幼儿园里疯玩、上课讲话的小孩，

给父母的建议

游戏中，孩子可能会遇到各种问题和困难。此时父母不要主动帮孩子解决问题。父母要清楚，游戏对儿童自主性、探索性、独立性等能力起着重要的促进作用，是孩子学习解决问题的最有效的一种方式。比如，游戏中，当孩子拿不动游戏材料时，可以问问孩子“怎么办呢？”，多些耐心，你可能会和孩子一起想办法搬动材料，这时，孩子就会体验到解决问题的自豪与骄傲。

神仙老人就不会给他们礼物。然后父母可以将礼物藏在孩子容易发现的地方，这样既让孩子的节日过得很愉快，又让孩子知道应该怎样才能得到这些礼物。

在孩子喜欢的活动中与孩子说话

孩子拿着一根棍当马骑，并用小树枝或小布条当作马鞭抽打着，孩子玩得很高兴，可是当他玩够了的时候，他就会扔下木棍跑去玩别的了。很多父母对孩子这样游戏往往是听之任之、不加理会，有时说话也只是说“把棍子放到原来的地方，别到处乱扔”，仅此而已。

其实，这种情况正是父母与孩子进行语言交流的大好时机。比如，妈妈可以提来小桶对孩子说：“看，马跑了半天，一定累坏了，让它喝点水吃些草吧。”

孩子就会很高兴地接过小桶给马“喝水”，还会自言自语地说：“我的小马儿，你喝饱了吗？现在我牵你到马棚里吃草吧……”

这样一来，孩子玩完“骑马”的游戏，再也不会把木棍一扔了事了，而是会对“马”关怀备至。这样，既发展了孩子语言和想象的能力，又培养了他良好的品格和习惯，而这一切都是在轻松愉快的玩耍中进行的。父母与孩子在游戏中沟通，既可以收到良好的教育效果，又能拉近亲子间的距离，创造美好的沟通氛围。

父母要积极参与孩子的角色游戏，帮助孩子体验和认知他人的生活。鼓励孩子多观察日常生活，了解各种人物的活动，特别要注意观察父母本身的生活。

——卡尔·威特

父母话术训练

当孩子放学回家，父母要说：

今天在学校有哪些开心的事情？给我们说说。

话术重点　和孩子聊一些具体的事情，孩子更容易回应。

当孩子感到委屈、气愤时，父母要说：

我们非常理解你的感受，能不能具体说说发生了什么事？

话术重点　先表示理解，安抚孩子的情绪，再问明原因。

当孩子聊起自己感兴趣的动画片时，父母要说：

这个动画片这么有趣呀！你赶快讲一讲。

话术重点　接纳孩子的兴趣点，让自己与孩子产生共鸣。

PART 4

奖惩话术：适度赞赏，巧妙批评

多赏识，更自信

让孩子从心里认可自己

父母认为孩子“好”还是“不好”，对孩子一生的影响非常大。作为父母，如果敢于肯定自己的孩子，对孩子发出“你一定能行”的正向信息，那就会使孩子对自己越来越有信心。相反，如果父母总是对孩子心存过度的担心和保护，对孩子发出的是“你不行”的负向信息，那么时间长了，孩子会真的认为自己不够好。孩子能否有足够的自信心，实际上很大程度取决于父母和老师的态度。

情景再现

晓晨演讲比赛得了第一名，回家告诉妈妈，妈妈说：

✕ 

“演讲比赛第一名没什么了不起的，考试要考第一名才行。”

✓ 

“真不错，这说明你比赛前努力练习了。”

用赏识的语言肯定孩子的成绩，会让孩子更自信。

在家庭生活中，每当孩子完成一件事情，比如，完成了一件小手工、搭好了一个积木、画完一幅画，完成了一个舞蹈动作，作业获得了优秀……总是会兴高采烈地跑来告诉爸爸妈妈，请爸爸妈妈欣赏自己的成果。如果爸爸妈妈没有注意到孩子的需要，没有表现出对孩子的赏识，孩子就会很失落，认为自己得不到父母的爱。

马斯洛说，人有满足自我的需要，然而别人的赏识就是满足自我的最普遍途径。一个没有得到过任何赏识的孩子，很容易自卑怯懦，长大之后也很少有勇气去面对自己想要做的事情，成功的概率自然也会很低。

在幼儿园图书馆，一位老师微笑着向孩子们走过来，他的背后是整架整架的图书。

“孩子们，我来给你们讲个故事好不好？”

“好！”孩子们答道。

于是老师从书架上抽出一本书，讲了一个很浅显的童话。

“孩子们，”老师讲完故事后说，“这个故事就写在这本书中，这本书是一位作家写的，你们长大了也一样能写这样的书。”

老师停顿了一下，接着问：“哪一位小朋友也来给大家讲一个故事？”

一个小朋友立即站起来讲：“我有一个爸爸，还有一个妈妈，还有我……”幼稚的声音在房间中回荡。

这时老师用一张非常好的纸，很认真、很工整地把这个不完整的讲述记录下来。

“下面，”老师说，“哪位小朋友来给这个故事配个插图呢？”

又一个小朋友站了起来，画一个“爸爸”，画一个“妈妈”，再画一个“我”。当然画得很不像样子，但老师同样认真地接过来，附在前述的那一页纸的后面，然后取出一张精美的封皮纸，把它们装订在一起。封面上写上作者的姓名、插图者的姓名，“出版”的年月日。

老师把这本“书”高高地举起来说：“孩子们，瞧，这是他俩合作写的第一本书。其实，写书并不难，你们还小，所以只能写这种小书，但是，等你们长大了，就能写大书，就能成为伟大的人物。”

这位幼儿园教师的赏识教育，对我们的父母是否有所启发呢?

许多父母都知道：如果今天夸孩子的手干净，第二天他的手会更干净；如果今天夸他的字比昨天写得好了，明天他的字准会写得更工整；如果今天夸他讲礼貌了，明天他会更注重礼貌……

孩子毕竟是孩子，在受到父母的夸奖时，他不仅心情愉悦，而且懂得了什么是对的，什么是错的，什么是父母提倡的，什么是父母反对的。这样，比父母直接对他说应该做什么、不应该做

什么，效果要好得多。

赏识可以激发孩子的主动性和创造性

1968 年的一天，美国心理学罗森塔尔来到一所小学，说要进行一项实验。他从一至六年级各选了 3 个班，对这 18 个班的学生进行了“未来发展趋势测验”。之后，罗森塔尔以赞许的口吻将一份“最有发展前途者”的名单交给了校长和相关老师，并叮嘱他们务必要保密，以免影响实验的准确性。

其实，罗森塔尔撒了一个“权威性谎言”，因为名单上的学

给父母的建议

父母不仅要对孩子的成绩进行肯定和赏识，更要在赏识的基础上，提出建议和鼓励，让孩子在欣慰的同时，感觉到来自父母的殷切希望。可以对孩子说：“成绩还不错，不过再努力一点，你会取得更优异的成绩！”对孩子成绩的赞扬可以让他感到温暖和欣慰，让他感觉到自己的努力没有白费，至少获得了父母的认可；而对孩子的提醒和鼓励则可以给他继续努力的动力和信心，让他们感觉到自己还有差距，还有继续进步的潜力。

生是随便挑选出来的。8 个月后，罗森塔尔和助手们对那 18 个班级的学生进行复试，结果奇迹出现了：凡是上了名单的学生，个个成绩都有了很大的进步，且性格活泼开朗，自信心强，求知欲旺盛，更乐于和别人打交道。

以上就是最著名的“罗森塔尔效应”，老师受到实验者的暗示，对这些具有“高智商”“最有发展潜力”的孩子抱有较高的期望，在和这些孩子相处时，老师的态度就不一样了，从而使自己的期望对孩子产生了微妙的影响，进而产生了实验预言效应。

正如“罗森塔尔效应”一样，父母作为孩子教育的启蒙者，也应该懂得合理利用“罗森塔尔效应”，将自己的期望通过教育方式暗示给孩子，并懂得及时的肯定和调整，让孩子能够充分发挥自己的优势。

赏识可以塑造孩子良好的行为和品德

娜娜有一个让妈妈最头疼的毛病，东西到处乱丢。妈妈想出了很多的办法来教育娜娜，但效果不佳。

直到有一天，妈妈看到了赏识教育的这个理念。在一次看到娜娜把看完的书收拾好放回书架的瞬间，妈妈马上开启了表扬模式：“我们的小娜娜长大了，会把书送回家了呢，给娜娜点个赞！”此后的一段时间里，妈妈对于娜娜东西归位的行为进行重点赞扬。娜娜非常开心，不知不觉中就将乱丢东西的毛病改掉了。

孩子做了一件好事，或者一个良好的行为习惯获得了爸爸妈妈或者是周围人的鼓励与肯定，他们会在身心愉悦的同时更想将行为动作持续下去，以期获得更多的鼓励与肯定。

最重要的教育方法就是鼓励孩子去实际行动。

——爱因斯坦

善于发现，及时表扬

发现孩子身上的闪光点

有些父母认为，自己的孩子表现不佳，没什么好赞美的。父母如果这样想，就大错特错了。孩子在不断成长，每天都会有变化。父母一定要善于发现孩子身上那些积极的变化，比如孩子对知识的渴求，孩子的善良和单纯，凡是正面的表现都要及时发现，并给予鼓励。

情景再现

彤彤以前写作业总是拖拉，今天很快就写完了，妈妈说：

❌  “写完了就去外面玩会儿吧。”

✔  “彤彤能集中精力写作业了，真不错！”

及时发现孩子的点滴进步，并用表扬进行强化。

孩子良好习惯的养成，是一点一滴微小的进步累积起来的。父母应该用放大镜去发掘孩子的优点，譬如孩子某天做作业时不用大人提醒自己就主动做完了，这就是进步。

如果父母写一张纸条：孩子，爸爸妈妈今天看到你长大了，能自觉完成作业，不再让我们操心了，爸爸妈妈好开心！如果每天都能这样做就更棒了！孩子，爸爸妈妈相信你一定能做到的！

然后把它放在孩子的枕头边，让孩子一觉醒来后看到，这样孩子当天肯定有一个好心情，而且会做得更好。

五年级的小峰不喜欢学习，但他热爱劳动，生活自理能力强，对别人也很关心……有不少突出的优点。小峰的妈妈却看不到小峰身上的这些优点。在她的眼中，小峰的成绩不好，就一切都不好。

有一次，小峰正在收拾自己的房间，并且找出了脏衣服准备去洗，他的妈妈走进来，一把夺过小峰手中的脏衣服说道："谁让你整理房间了？谁让你洗衣服了？告诉你，成绩不好其他方面再好也没有用，赶快去学习。"

小峰在妈妈一番无端的数落下，委屈地坐在书桌前，心却并没有放在学习上。他想不通妈妈为什么只看重自己的学习，只盯

住自己的短处，并且因此把自己所有的优点都抹杀了。

后来，在妈妈这样的指责下，小峰的成绩不仅没有提高，反而下降了不少，同时，小峰原来的那些优点也慢慢地消失了。

小峰的故事告诉我们：任何一个孩子，不管他的天资多差，缺点多少，只要他有那么一点优点，就是可教之才。作为父母，要善于发现并放大孩子的优点，让孩子在自信中成长。

每个父母都望子成龙，都希望孩子出类拔萃，希望孩子身上的缺点越少越好，希望孩子能早点改正缺点。但是，孩子都希望得到父母的赏识，不愿意听到父母的批评。受到赏识的孩子会更加自信、积极，以后会做得更好；受到批评的孩子会产生自卑的

给父母的建议

建议父母让孩子把父母夸奖他的纸条保留下来，或贴在本子上，或放在一个盒子里，周末与孩子一起回顾一下他的成长历程，一起分享成功的喜悦。希望父母能试验一下，也许这小小的举措会带来意想不到的惊喜。

心理，还会产生与父母对立的情绪，产生破罐子破摔的想法，像上例中的小峰一样，优点消失了，缺点更严重，最后与父母的愿望背道而驰。

其实，孩子将来的成功，依赖于很多的因素，不只是成绩一个方面，还与孩子各方面的能力、素质、品质等有关。孩子的优点，只要父母细心观察，就会随时有所发现，哪怕是在孩子的缺点中，都能找到优点的藏身之处。

父母要善于发现孩子的优点，并且把这些优点放大去看。不管是从孩子缺点中提取的优点，还是孩子很小的进步，都要及时提出来进行表扬，以此增加孩子做事的兴趣与自信。父母应鼓励孩子把优点发扬下去，引导孩子把缺点变成优点，激励孩子挖掘出自身的潜力，帮助孩子打下走向成功的基础。

每个孩子都需要父母的赏识，缺点多的孩子更是如此。父母要有善于发现孩子优点的眼光，并且放大孩子的优点进行表扬和激励，最终会使平凡的孩子变得优秀，优秀的孩子更加杰出。而不要像上例中小峰的妈妈那样，只是抓住孩子的缺点不放，把孩子的优点也当缺点去批评，这样将会毁了孩子的一生。

那么，父母应怎样发现并放大孩子的优点呢？

不要老盯着孩子的缺点

对于孩子来说，父母的话具有很大的权威。所以，父母不仅不要整天把孩子的毛病、缺点挂在嘴上，不停地数落，更不要对孩子说结论性的话，比如“笨蛋”“你真没救了”等。

用发展的眼光看待孩子

不要把孩子看“死”了。只要细心观察孩子，就会发现孩子有进步的地方。可能是认识问题的提高，分析问题的能力增强，可能是某方面科学文化知识增加，可能是一次作业进步或者一次考试成绩进步，可能是在劳动或公益活动方面表现较好，可能文艺、体育取得好成绩，可能有什么小发明、小制作，等等。

关键的是要拿孩子的今天比昨天、比前天，而不是跟别的孩子比，哪怕发现一点微小的进步，也应及时肯定。不应总是横着比或以高标准要求，认为不值得一提，把孩子的点滴进步漠视、忽略过去。应该想到“星星之火，可以燎原”，优点是一步步发展的。

适当夸大孩子的进步

孩子即使没有进步，父母也应该寻找机会进行鼓励。如果孩子确实有了进步，父母就应该及时夸奖他们“进步挺大”。这样一般都可以调动孩子心中的积极因素，促使孩子期望自己取得更大的进步，就有可能取得事半功倍的奇效。

欣赏能让孩子长成参天大树，贬低能让孩子枯萎畸形。

——郑渊洁

赞美有分寸，赏识应合理

赏识教育要避免过度夸奖

赏识教育要避免过犹不及，假如有一个品学兼优的学生，无论是学校领导、班主任还是家长都很喜欢他，这些看似能够使他更“优秀”的因素，却不能给他带来快乐。有些孩子，父母越是赏识，他就会越发地骄傲自大，目空一切。这样的孩子极有可能会遭到别人的疏远，孤立。这并不利于孩子的心理健康，他们很有可能会在学习和生活中形成一种不健康的认知体系和心理模式。

情景再现

已经上二年级的阳阳今天自己系了鞋带，妈妈说：

✗ “阳阳太棒了，你真是一个优秀的孩子。”

✓ “对了，阳阳是大孩子了，很多事情都应该自己做。”

避免过度夸奖，以免孩子将来做什么事都依赖父母的表扬。

对孩子不能不夸，但也不能盲目地夸，父母夸奖孩子的目的在于要让孩子能够正确地认识自己，接纳自己。孩子的自信建立在成就感的基础之上，并不建立在空洞的表扬之上。

父母过度夸奖会导致孩子表现出自恋倾向，认为自己高人一等。虽然父母夸奖的目的是为了提高孩子的自尊，但也会让孩子的自恋行为增加。

每个孩子都是家长的宝贝，全家人都视他如珠似宝，只要孩子做了件力所能及的事情，或是有一点点的小进步，都会轮番夸赞，甚至有些父母连孩子做错了事情，都不指出并制止，长此以往，孩子就会自恋到迷失自我，觉得“我就是天下第一”。

父母过度夸奖孩子的危害

不愿努力

什么事情都要夸奖，孩子会觉得这份夸奖来得太容易了，会逐渐失去上进心，懒得去努力。

骄傲自满

过度夸奖会让孩子自以为是，骄傲自满，什么意见都听不进去，从而影响自身的成长。

增大压力

过度夸奖，孩子承受的心理压力会增大，觉得自己一定要完美，无法面对和抵抗遇到的挫折。

有的父母为了激励孩子，往往会有意夸大孩子的成绩，进行言过其实的赞美。比如孩子写的字并没有那么工整、好看，父母却大加赞美：

“太棒了！这是我见过小孩子里写得最工整的字！”

这样的赞美也许是父母有意用来鼓励孩子的，但因为孩子往往都很敏感，很容易就能看穿父母的夸张表述，这反而会使他们内心感到更为虚弱。

给父母的建议

真实夸奖：夸奖，应该是真实的，客观的，既不能夸大也不能缩小。比如，明明在玩轮滑的时候摔倒了，如果家长还鼓励他说“你滑得挺好的”，这样名不副实的夸奖只会让孩子觉得大人的话是虚假的，不值得信赖。

表扬时找不足：为让表扬更客观，在表扬的同时，用最温和的语言给孩子再提个如何做得更好的建议，帮助孩子获得更大的提高。

赏识并不是盲目的，当孩子做错时，亦必须使其明白自己错误的原因以及以后做事的方向，从而使得孩子在心里逐步地给自己设置一个方向盘。

——约翰·洛克

夸奖讲方法，表扬有技巧

夸孩子要夸到点子上

“你真聪明”“你真棒”等这些夸奖孩子的话几乎是每个父母都经常用的，但是如果总是习惯用这类词语来表扬孩子，孩子就会认为自己处理某件事情表现突出是因为自己聪明，而当他们某件事做得不够突出时就很容易会怀疑自己、否定自己。

情 景 再 现

华华拼好了一个难度很高的乐高玩具，妈妈说：

✕ "华华，你是最棒的！"

✓ "华华，你一定付出了很多努力。"

表扬孩子的努力，让孩子感到自己的付出被肯定，夸奖才会更有成效。

夸奖绝不是简单地给孩子贴上"聪明""乖巧"等标签，"贴标签"式的表扬太模糊，孩子并不能真正理解让他赢得表扬的行为是什么，以至于以后，他可能为了成为家人眼里的"乖宝宝"或继续获得表扬而一味地听从父母，不敢发表个人看法，更不敢尝试自己没有把握的新领域。

夸奖是一种神奇的教育方法，但如果父母不分场合、不分情况一味地表扬孩子，孩子往往就会被夸得一头雾水、不知所措。有时甚至还会因此引起反感，以致认为父母太"虚伪"。

所以，父母夸奖孩子一定要发自内心，要真诚而具体，更要讲究方式方法。只有这样，夸奖才会起到事半功倍的效果。

夸奖努力

当孩子给你呈现一幅漂亮的作品时，可不要被喜悦冲昏头脑，请记得肯定他为此付出的艰辛和努力。

夸奖要具体

当孩子在某一方面取得进步时，父母的夸奖一定要明确、具体，让孩子明白要努力的方向，才能获得更大的进步空间。

夸奖勇气

当孩子面对挫折时，及时表扬孩子的勇气，能帮助孩子树立信心，获得继续前行的动力。

夸奖责任心

孩子能把自己的地盘整理好，把物品收拾好，是有责任心、做事有条理的表现。这是孩子能做好其他事情的基础，应该给予表扬和鼓励。

夸奖态度

当孩子认真地做一件事时，父母要对孩子的态度给予肯定，让孩子明白专心的重要性，以积极端正的态度去面对生活和学习。

夸奖坚毅

当孩子完成一件对他来说很有挑战性的事情时，比如，冥思苦想一个围棋残局，一次次尝试操场上高高的攀爬架，无数次失败后无数次反复尝试，请记得肯定他的耐心和坚持。

夸奖细节

当孩子在某方面能力有所提高时，表扬细节，越具体越好。

夸奖细心

当孩子开始逐渐注意到一些小事时，说明他已经开始全面地思考问题，父母要对孩子的细心加以认同。

给父母的建议

父母要在他人面前多赞扬孩子。如果孩子听到父母当着别人的面表扬自己，自尊心不但得到了满足，而且会增加自信，朝着好的方向更加努力。如果父母当着别人的面夸赞孩子好的方面，会使别人对孩子留下好的印象，由此会对孩子投射出赏识的眼光，也间接地鼓励了孩子。

亮点要放大——用爱的眼睛发现孩子；鼓励要及时——用爱的鼓励调动孩子。

——卢勤

不宣扬，不揭短

孩子有尊严，尽量私下批评他

大家应该都看到过这样的场景，在公众场合，父母大声斥责孩子，孩子被训斥得大声哭泣，父母越骂越凶，孩子越哭越凶。

孩子是有自尊的，当父母在公众场合或者外人面前批评孩子时，很多时候孩子的内心是被恐惧、丢脸等情绪占据，并不能很好地认识自己的错误，他想的是怎么结束这场批评，而不会想到自己为什么做错了，父母的批评根本没有起到什么作用。

情景再现

亮亮英语考砸了，回家后妈妈当着客人的面说：

❌ “英语考这么差！还好意思拿到我面前，真丢人！”

✔ “这次英语考得不好哦。妈妈这里有客人，你先去看看都错在哪里了，回头妈妈再教你。”

注意维护孩子的自尊心，不要当着别人的面批评孩子。

每个孩子都是世上独一无二的生命个体，他们不仅仅满足于被爱，被保护，他们更渴求得到尊重和理解。

但是，有些父母喜欢当着别人的面批评孩子的缺点，放大孩子的错误，这些家长认为夸奖孩子会让孩子变得骄傲，只有批评才能让孩子记住错误，改正错误，不断进步。

但是在孩子看来，父母的这种行为，会对他们的自尊造成打击，当他们下次见到这个人时，要么装作看不见，不上前打招呼，要么破罐子破摔。父母越说自己不好，自己就越朝不好的方向去做，通过这种方法来报复父母。

轩轩已经上幼儿园大班了，还经常用手抓饭菜，或用勺子敲饭碗，弄得一桌狼藉。这天，轩轩的妈妈约了几个朋友来家里做客。妈妈提前对轩轩说："今天有几位阿姨来家里做客，你一定要用勺子吃饭，千万不能用手抓菜，也不能用勺子敲饭碗，那样的话，阿姨们会认为你是个没有礼貌的孩子，好吗？"

轩轩痛快地答应了。饭菜端上来后，轩轩看到香喷喷的饭菜，早把妈妈的叮嘱抛到了九霄云外，不由得伸出手来。妈妈忙伸出手拦住，对儿子说："轩轩，你帮妈妈到厨房里拿个勺子好吗？"

轩轩去厨房了，妈妈又忙说："噢，厨房里还有菜，我去端！"

到了厨房，妈妈低声对轩轩说："妈妈已经提醒你了，你怎么还要用手抓饭菜。你这样做是不礼貌的，如果再这样，妈妈就真的生气了。"

轩轩和妈妈回桌吃饭后，一直记着妈妈的话。他吃饭时特别注意礼节，阿姨们都夸奖轩轩是一个懂事的孩子。

轩轩的妈妈通过巧妙地把孩子叫到厨房以避开客人的方式，批评了他的坏习惯，这样既能让孩子容易接受，又让孩子在大家面前不失面子。如果妈妈当着众人的面责备、训斥轩轩，不但会让轩轩感到难堪，而且在场的人也会感到尴尬。

其实，类似的情况在生活中有很多。父母要知道，孩子做得不对时不仅关乎你的面子，也关乎孩子自己的面子。批评是必要的，但不分场合的批评却是无知的。孩子的自尊心很脆弱，父母在想着改掉孩子毛病的同时，更要懂得呵护孩子脆弱的自尊心。

这才是做父母的教育智慧，因为你批评孩子，是想让孩子变得更好，而不是践踏孩子的自尊。

提醒孩子的错误

当孩子开始犯错误时，并不会太过分，父母应该先提醒孩子这样做不对，最好不要再这样做了。比如轩轩妈妈事先跟儿子说不要伸手抓饭菜一样，这是给孩子一个心理预期，让孩子知道这样做不正确。

提醒无效，带孩子到无人处教育

孩子之所以是孩子，就是因为很多时候他们明知道自己的行为不对，但是却控制不住自己，还是要做大人禁止的事情。

这个时候，父母就应该出手教育孩子了，但是一定不能当着众人的面，而是因地制宜找一个没有其他人在场的地方。

因为这个时候，只有你跟孩子两个人，你教育孩子，孩子才会认真听你的话，才会反思自己的错误。

给父母的建议

每个孩子都渴望得到赏识和肯定，父母批评孩子时，也应该设法寻找孩子的闪光点，肯定孩子以前的努力和成绩，批评中的肯定是最有效的批评，不仅可以督促孩子改正错误，还可以帮孩子建立自信。

就事论事，不上升到道德评价

很多父母在教育孩子的时候，会把孩子的小错误放大到孩子的品德问题上，这其实会让孩子不服气。

比如父母批评孩子不应该乱跑，是因为危险。如果父母说他乱跑就是多动症，就是脑子坏掉了，这样说孩子肯定不愿意接受。

父母越不宣扬子女的过错，子女对自己的名誉就越看重，因而会更小心地维护别人对自己的好评。

——约翰·洛克

看时机，讲技巧

掌握批评孩子的时机

孩子在成长的过程中难免会犯错误，当孩子的行为偏离正常轨道时，就需要父母来及时纠错。如果不及时告诉孩子哪些行为是错误的，那么他很可能就会沿着错误的轨道继续走下去。

但批评孩子也是需要找准时机的，有些情况下，父母应该发现问题后及时批评教育，但在另外一些情况下，批评孩子就是不合时宜的举动。

情景再现

飞飞因为踢球受伤了，妈妈说：

❌ “又因为踢球闯祸！上周你把王阿姨家的玻璃砸破了，我还没来得及说你呢！”

✔ “妈妈知道你爱踢球，但前提是要注意安全，手肿成这样，干什么都不方便。这次要吸取教训了。”

发现问题及时批评，但不要翻旧账。

孩子出现错误，是很正常的，父母指出错误，也是很正常的。可是有些父母往往平时不说，当孩子出现问题时秋后算账。孩子一旦出现问题，家长一边说着“可气死我了”，一边借机把陈芝麻烂谷子一起说出来，把孩子说得一文不值。

要知道，教育孩子不是要出气，否则父母的气是出了，孩子却往往更难以管教了。这就要求父母把批评当手段，而不是当目的。孩子出现问题，就事论事，温和指出，因势利导，改掉就好。

运用批评要沟通情感、提升自尊、树立信心、解决问题，从而达到父母和孩子双赢的目的。因此，批评时机的选择要正确。

未弄清事情的根由时

听到或看到孩子有失控行为，父母往往会非常气愤，觉得无论从自己的面子，还是从社会公德讲，孩子都应受到痛斥和处罚。于是家长马上对孩子劈头盖脸地狠批一通。结果，孩子要么梗起脖子顶牛，要么流着眼泪萎靡不振，甚至将怨恨埋在心里。这样的批评，表面上看是解决问题了，可隐患也留下了。

另有急事要处理时

当有急事要处理而孩子又有了问题时，父母往往心绪烦乱，希望快刀斩乱麻，简单罗列他的“罪状”后，再给个警告“你好好反省，等我回来再跟你算账”，然后甩手走了。仓促批评引发了父母与孩子间的长期矛盾。因此，在自己有急事顾不过来时，千万不要草率地批评孩子。

发现孩子重蹈覆辙时

孩子以前犯过类似的错误，这次重犯，原因可能是积习难改，也可能是父母处理不当或没有从根本上解决问题。如果父母不做自我反省，一味地强调孩子不可救药，那么成见就会伤害一颗单纯的心灵，父母的形象也在孩子心里打了折扣。

未厘清解决问题的思路时

父母在谈话前应考虑如何公正地评价孩子的行为，通过什么途径来化解目前的矛盾，通过谈话希望达到什么目的，如果这一切你都没有想好，就不要去贸然批评，否则越批评越会使孩子反感。

给父母的建议

孩子犯错误时，父母应该先弄清楚孩子是不是明白相关的社会规则与规矩，再据此判断应不应该批评孩子。如果应该批评，父母应该针对孩子所做的事情，用简明扼要的话语指出他的错误所在，并告诉他只要改正，仍然是好孩子，引导孩子朝正确、积极的方向发展。

当孩子失败时

当孩子某场考试没有考好或在某件事上遭遇挫折时，父母不要严厉地批评孩子，因为导致孩子失败的原因有很多，可能是没有发挥好，也可能是没有掌握方法。

父母应该做的不是在孩子心情不好的时候雪上加霜，而是应该帮孩子一起找到正确解决问题的方法，让孩子避免在下次遇到同样的问题时再次失败。

我们可以批评孩子，但一定要选择合适的方式批评，以保护孩子自尊心、树立自信心、培养他们某种能力为目的。

——尹建莉

不吼叫，不责骂

掌握批评孩子的语言技巧

当孩子犯了错时，父母要保持理智，不要反应过激，避免采用吼叫、责骂等方式批评孩子。要知道每个孩子都会犯错，父母作为孩子的“第一任老师”，有权利也有义务去帮助孩子指正错误、改掉坏习惯，并且对孩子进行正确的引导，让孩子从错误中吸取教训，慢慢变成一个有担当、有责任心的孩子！

情景再现

田田默写完生字，让妈妈检查，妈妈说：

✗ 

“一共十个字，你就写错了两个，脑子里到底在想什么！”

✓ 

“今天的字写得很工整，你再检查一下，看是否都写对了。”

先表扬优点，再提出建议，让孩子自己发现错误。

我们都吃过三明治，第一层是面包，第二层是馅料，第三层是面包。把这个层次结构引用到亲子沟通中，馅料就是沟通的重点，上下两层面包起承上启下的连接作用。

这个沟通法是基于心理学：每个人的内心都有追求快乐、逃避痛苦的情绪倾向，人都喜欢得到赞美和肯定，而害怕被人批评，因此父母在给孩子指出问题时，应先赞美，再给建议，再送上对他的期许。如此一来，孩子会更容易接受你的意见！

当父母想向孩子提出建议或善意批评时，用好这三个步骤：

第一步：肯定和接纳孩子（先与孩子产生情感链接，为接下来的沟通打基础）。

第二步：指出问题并建议（当孩子感受到你的善意，更愿意接受批评和建议）。

第三步：表达鼓励和支持（给予孩子解决问题的信心，让彼此的心更靠近）。

这样的沟通方式非常简单、清晰、有效，既可以把问题表达清楚，又照顾了孩子的心理感受，还拉近了双方的距离，让沟通更顺畅。

除了上面介绍的三明治沟通法，父母还要掌握一些批评孩子的语言技巧。

低声	父母应以低于平常说话的声音批评孩子，“低而有力”的声音，会引起孩子的注意，也容易使孩子注意倾听你说的话，这种低声的“冷处理”，往往比大声训斥效果更好。
沉默	孩子一旦做错了事，总担心父母会责备他，如果正如他所想的，孩子反而会有一种“如释重负”的感觉，对待批评和自己所犯过错也就不以为然了；如果父母保持沉默，孩子的心里反而会紧张，会感到“不自在”，进而反省自己的错误。
暗示	孩子犯有过失，如果父母能心平气和地启发孩子，不直接批评他的过失，孩子会很快明白父母的用意，愿意接受父母的批评教育。

给父母的建议

批评的目的是为了抑制孩子的不良行为、不良品德、不良习惯与不良学习态度等。为了使批评能够达到目的，父母在对孩子进行批评时一定要讲明不良品德、不良行为、不良习惯与不良学习态度的危害性，使孩子感到非常有必要克服这些缺点，并改正错误，使孩子感到爸爸妈妈批评自己的目的确实是为了自己好，是为自己能够更快地进步，父母批评自己用心良苦。

一个孩子长大要经受人们无数次评价，不管别人说什么，父母的评价永远是基石。

——卢勤

父母话术训练

当孩子某次考试考了满分，父母要说：

你为这次考试付出了很大的努力，做了大量的习题，真不容易啊。

话术重点 真心夸奖孩子的努力，让孩子感到被认可。

当孩子经历困难完成某项任务，父母要说：

你一点都不怕困难，太难得了。

话术重点 表扬孩子的勇气，帮助孩子增加自信。

当孩子非故意损坏了物品，父母要说：

花瓶碎了，我知道你也很难过，咱们想一想以后如何避免。

话术重点 表达对孩子心情的理解，同时引导孩子自己思考如何预防。